KAWAII HÄKELN

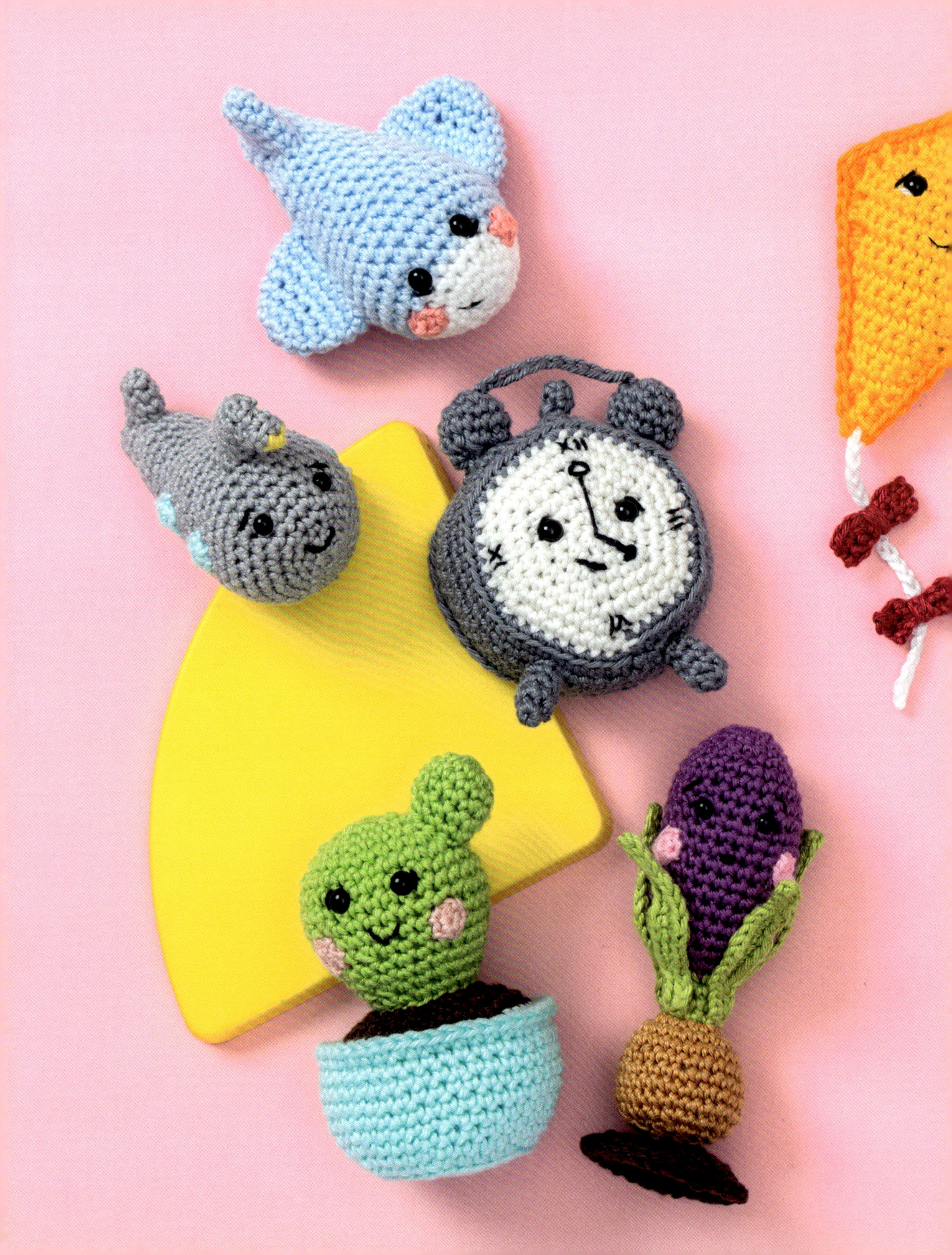

ANDREA ALLMEROTH

KAWAII HÄKELN

50 einfache Projekte von niedlich bis zuckersüß

EMF

EIN BUCH DER EDITION MICHAEL FISCHER

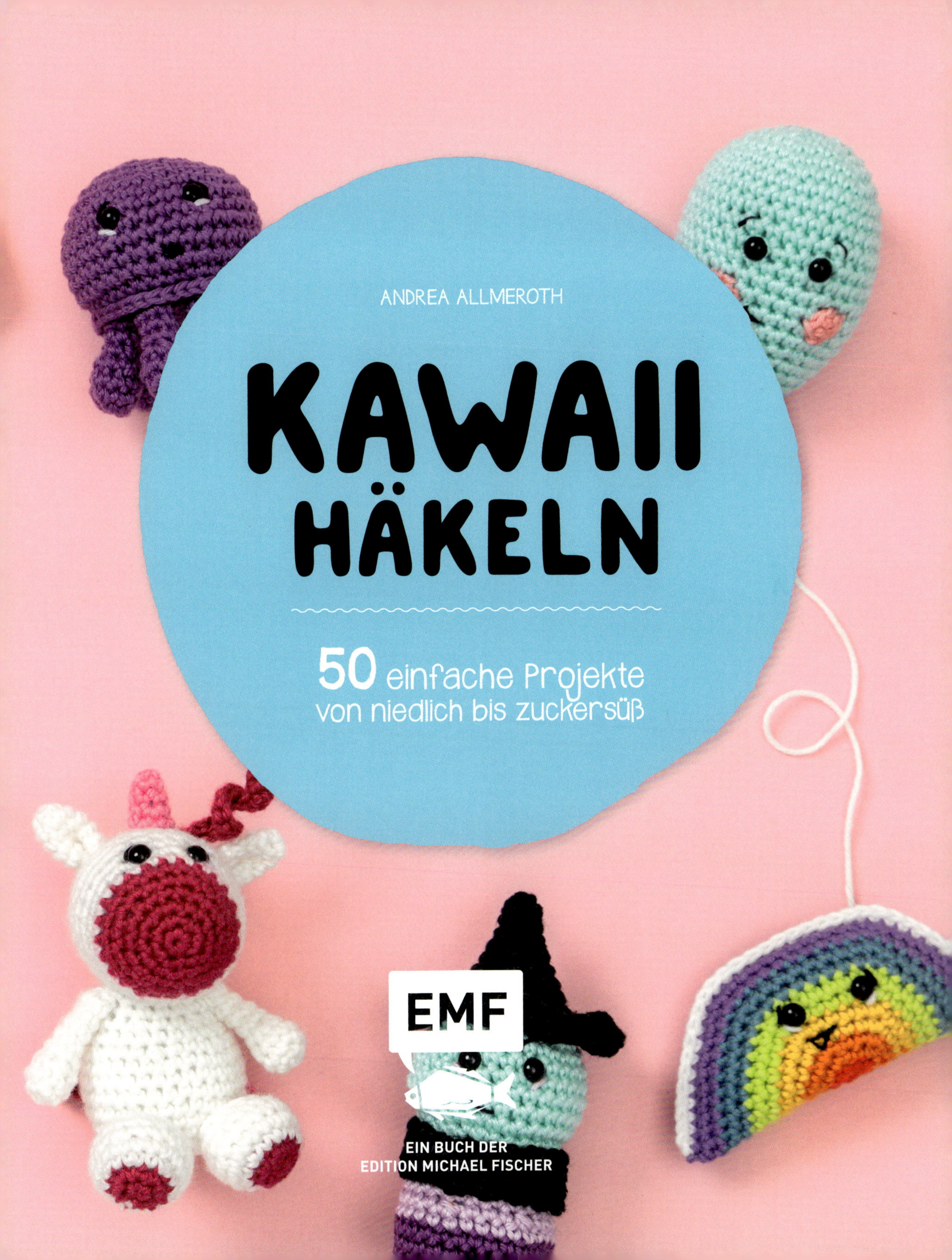

INHALT

GRUNDLAGEN

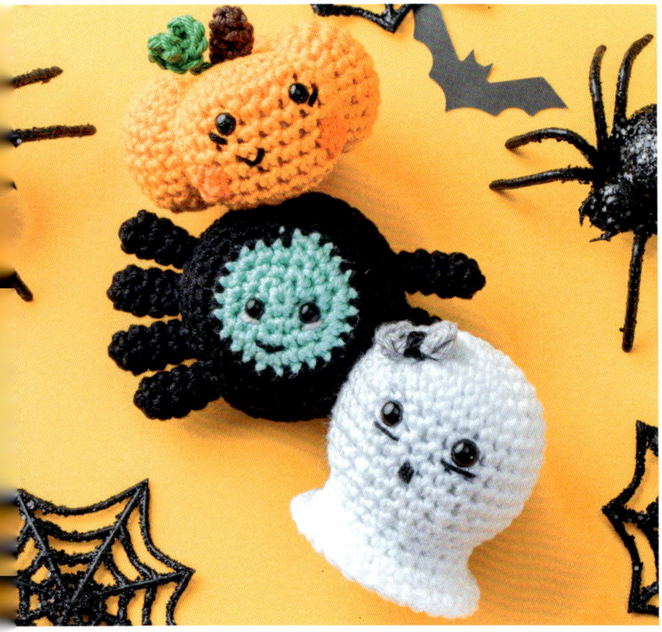

PROJEKTE

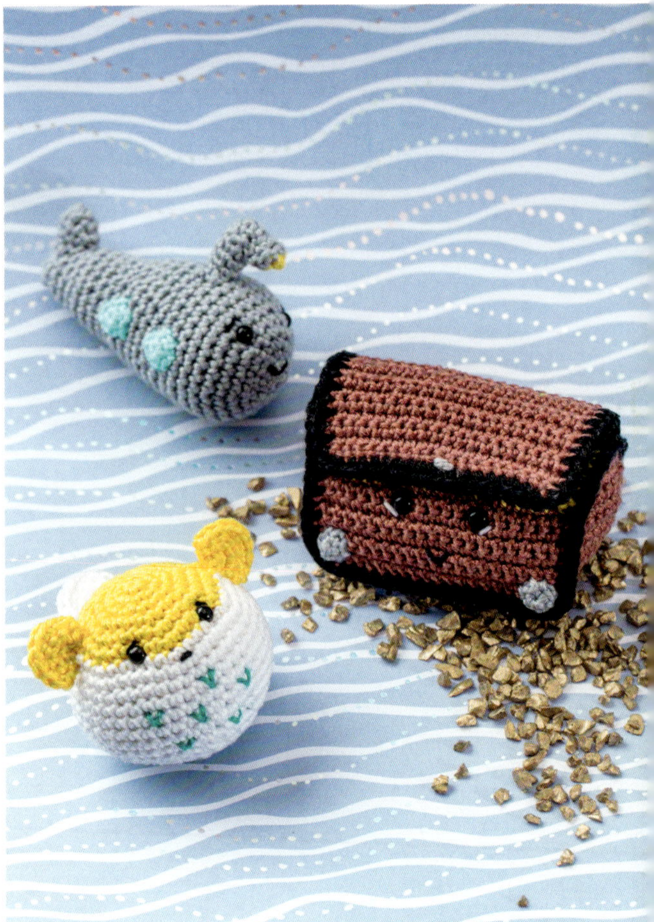

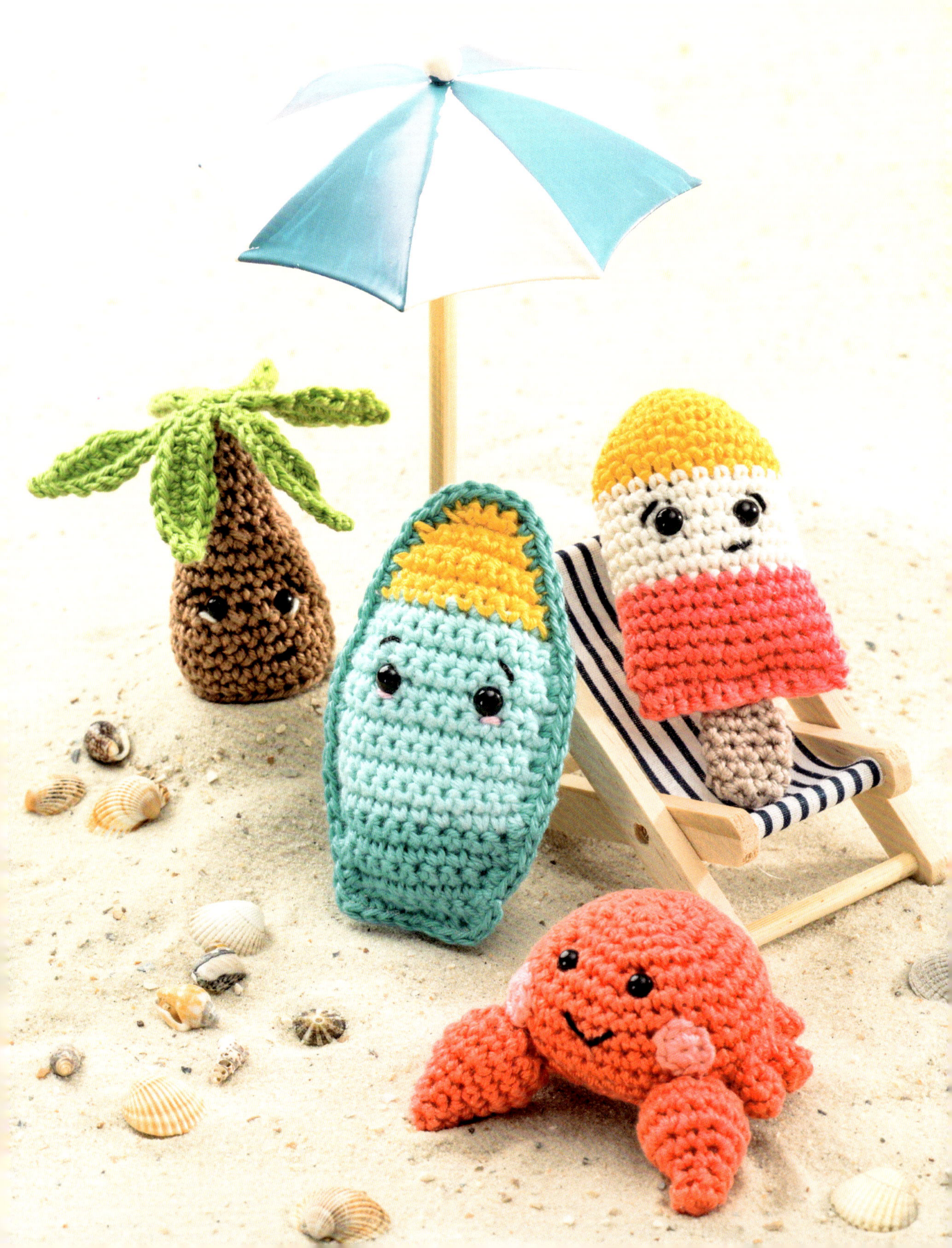

VORWORT

LIEBE HÄKELFANS UND FREUNDE VON NIEDLICHEN FIGUREN IM KAWAII-STIL,

das Thema „Kawaii" ist ein ursprünglich japanischer Trend, der erst in jüngster Zeit Einzug in die westliche Welt gehalten hat und rasend schnell immer beliebter wird. Direkt übersetzt bedeutet *kawaii* so viel wie besonders niedlich, süß, putzig, knuffig usw. In Japan findet sich diese besonders hervorgehobene Niedlichkeit in allen Lebensbereichen. Dort können beispielsweise Straßenabsperrungen in Häschenform oder Bilder von niedlichen Tieren auf Flugzeugen bewundert werden. Bei uns beschränkt sich dieser Trend noch weitgehend auf Tiere und einige wenige Gegenstände, vor allem aus dem Lebensmittelbereich. Mit dem vorliegenden Buch habe ich mich der Herausforderung gestellt, einer Vielzahl von unterschiedlichen Dingen aus unserem Alltag auf „Kawaii-Art" Leben einzuhauchen und zu zeigen, dass nicht nur Häschen und Katzen niedlich sein können. Entstanden sind dabei 50 kleine, aber aussagekräftige Figuren mit Charakter, die darauf warten, nachgehäkelt zu werden. In diesem Sinne – überfluten wir den Alltag mit Niedlichkeit!

EURE ANDREA

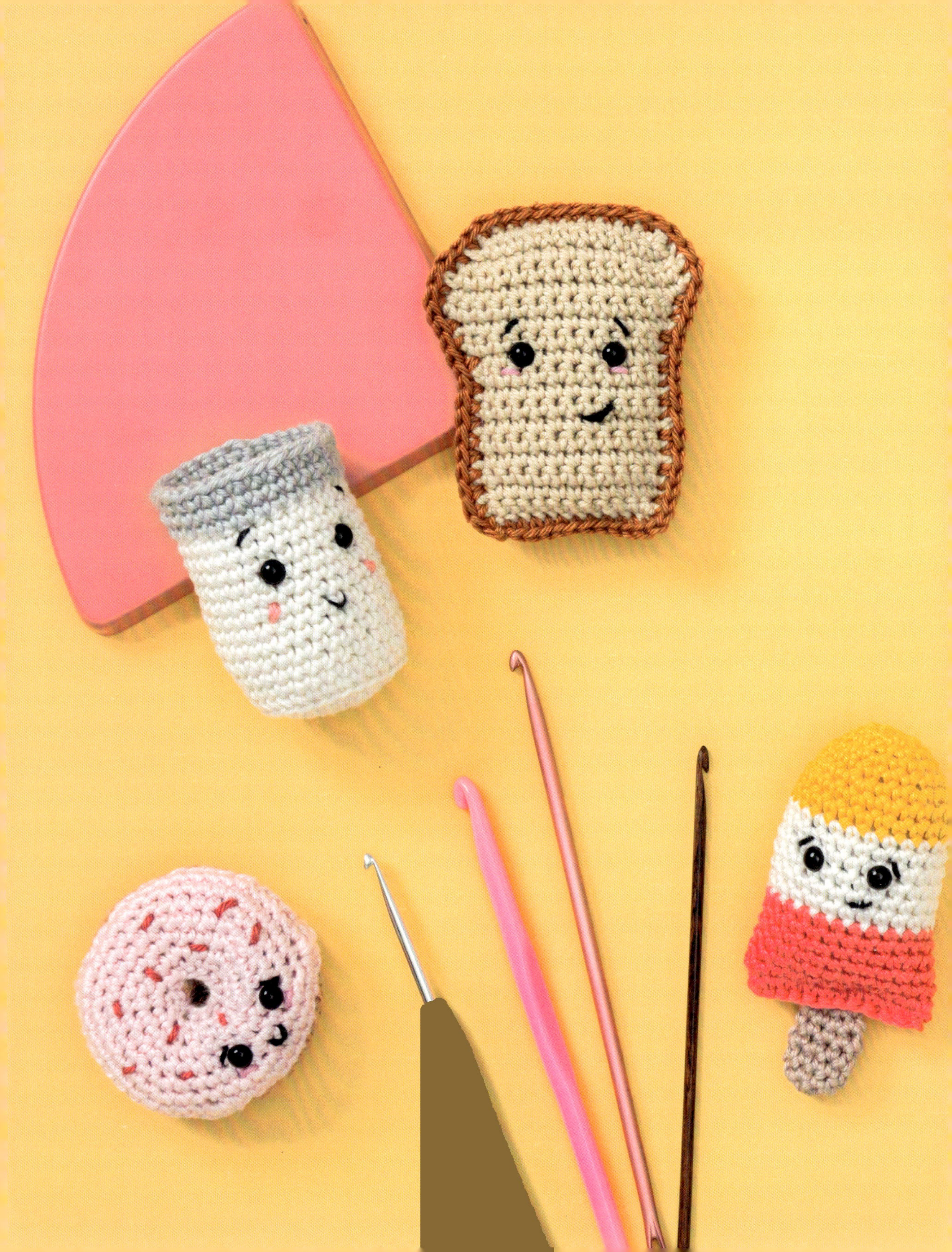

GRUNDLAGEN

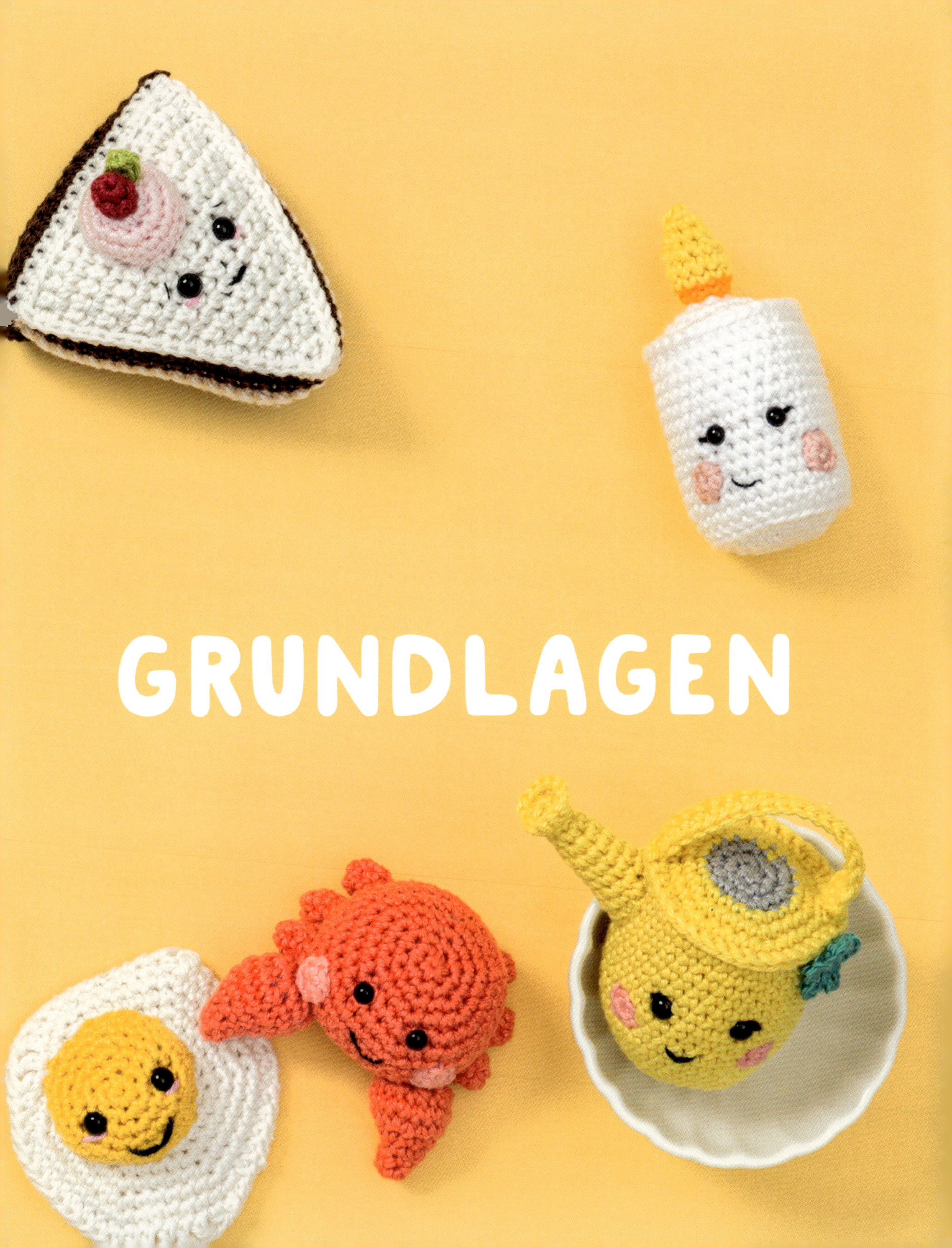

MASCHENARTEN

LUFTMASCHEN

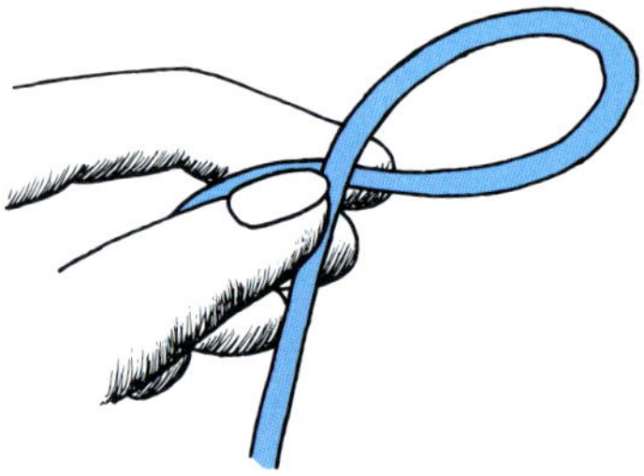

1. Den Faden zu einer Schlinge legen und ihn mithilfe von Daumens und Zeigefinger fixieren. Der Arbeitsfaden befindet sich unten hinten.

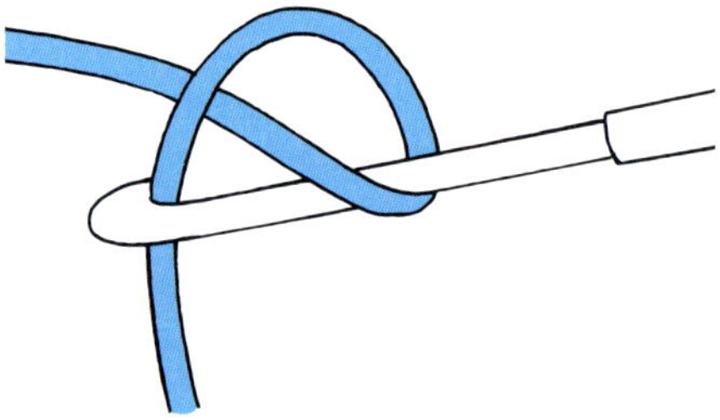

2. Mit der Nadel durch die Schlaufe stechen und den Faden durch die Öffnung holen.

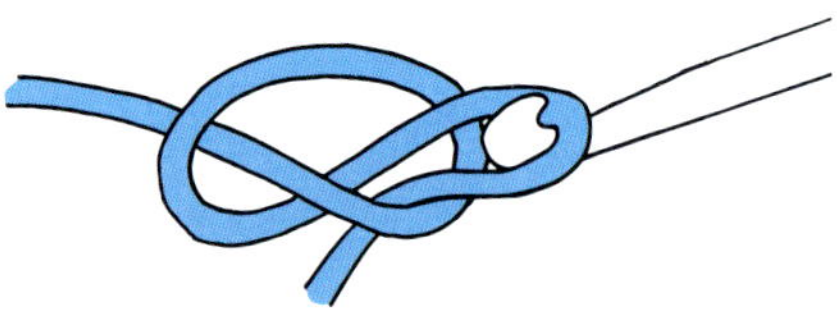

3. Die so entstandene Schlaufe leicht durch Ziehen an beiden Fadenenden festziehen. So entsteht die Anfangsschlinge, in die nun weitere Luftmaschen gehäkelt werden können.

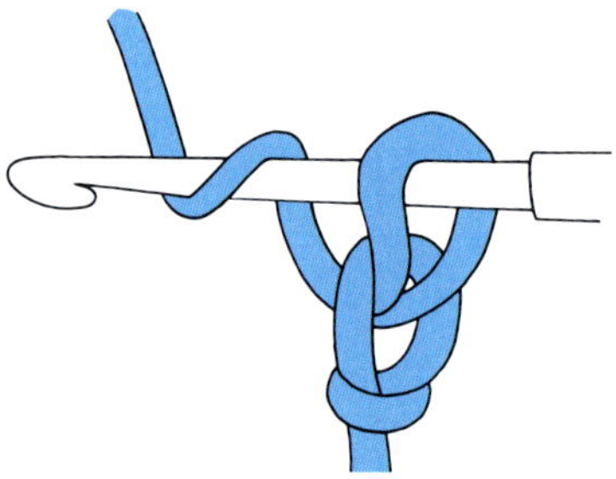

4. Um weitere Luftmaschen anzuschlagen, die Anfangsschlinge gut festhalten, den Faden holen und wieder durch die Schlinge ziehen. So oft wie nötig wiederholen.

MAGIC RING

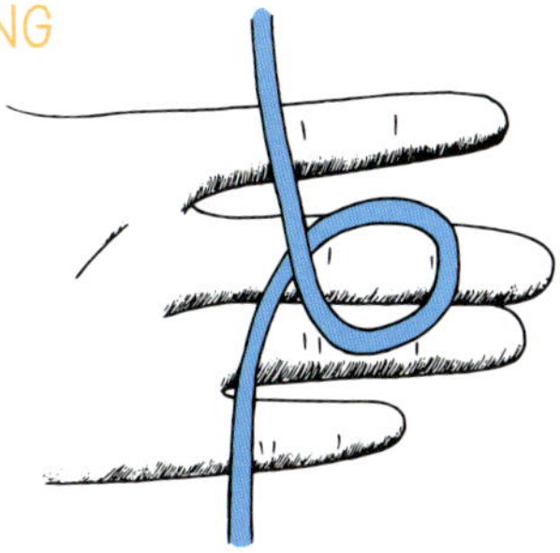

1. Mit dem Garn eine Schlaufe bilden, wobei das Ende des Fadens nach unten zeigt. Den Rest des Garns nach hinten über den Zeigefinger legen und das Garn zwischen Ring- und Mittelfinger fixieren.

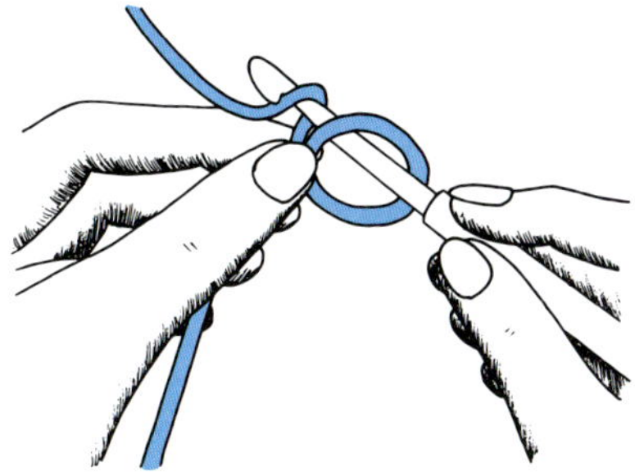

2. Die Schlaufe mit dem Daumen und dem Zeigefinger festhalten, die Nadel durch die Schlaufe führen, den Faden holen und ihn durch die Schlaufe ziehen.

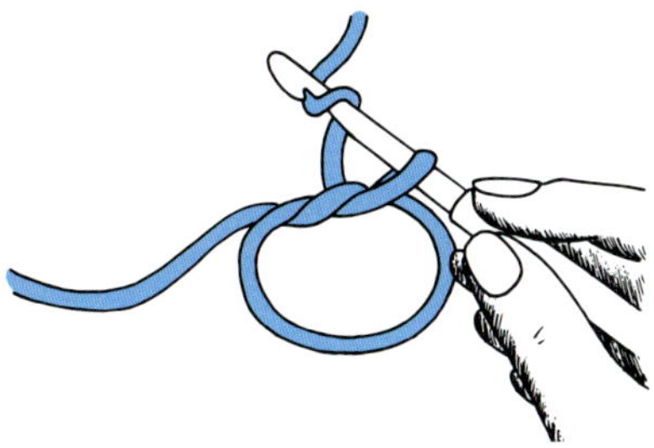

3. Den Arbeitsfaden erneut holen und ihn durch die Schlinge ziehen. So wird der Ring fixiert.

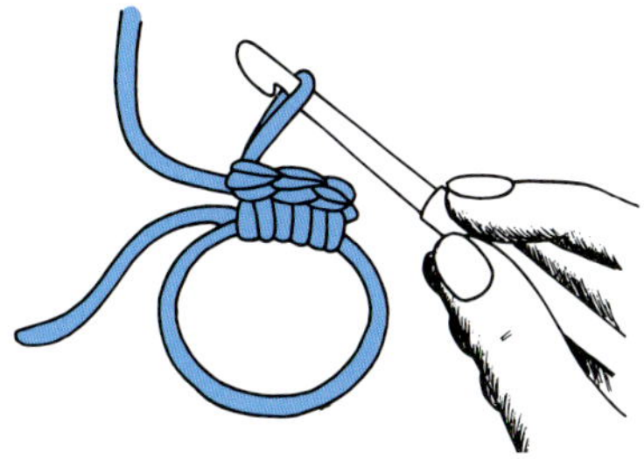

4. Ab jetzt können die Maschen wie gewohnt gehäkelt werden. Dabei immer um den Ring herumstechen, nicht in die Schlaufen des Rings hinein. Sind alle Maschen gehäkelt, kann der Ring durch Ziehen am Fadenende zusammengezogen werden.

FESTE MASCHEN

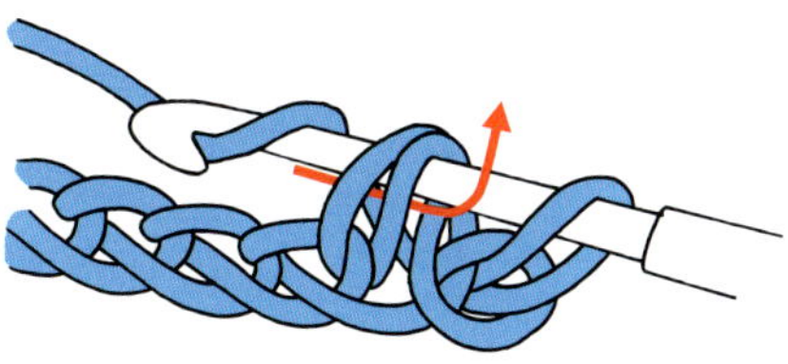

1. Mit der Nadel durch die zweite Luftmasche von der Nadel aus gesehen (die Schlinge, die auf der Nadel liegt, zählt dabei nicht als Masche) einstechen und den Faden holen. Jetzt liegen zwei Schlingen auf der Nadel.

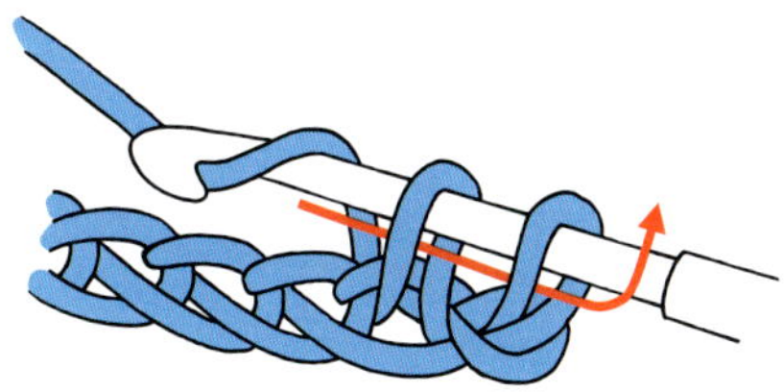

2. Den Arbeitsfaden erneut holen und durch beide Schlingen auf der Nadel ziehen. Die erste Masche ist fertig. In die nächste Einstichstelle stechen und die Schritte 1 und 2 wiederholen.

HALBE STÄBCHEN

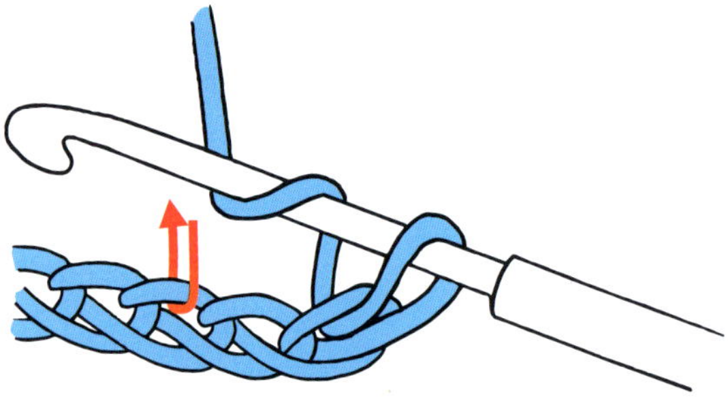

1. Den Faden einmal um die Nadel legen (das nennt man Umschlag). Zu Beginn einer Reihe/Runde zwei Luftmaschen überspringen, dann in die folgende Masche einstechen ...

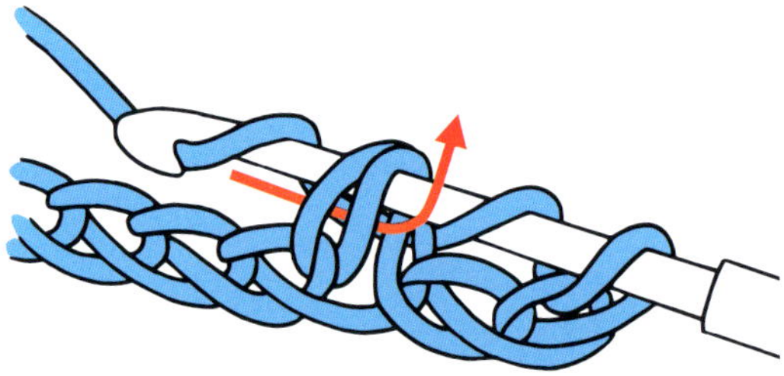

2. ... und den Faden holen. Jetzt liegen drei Schlingen auf der Nadel.

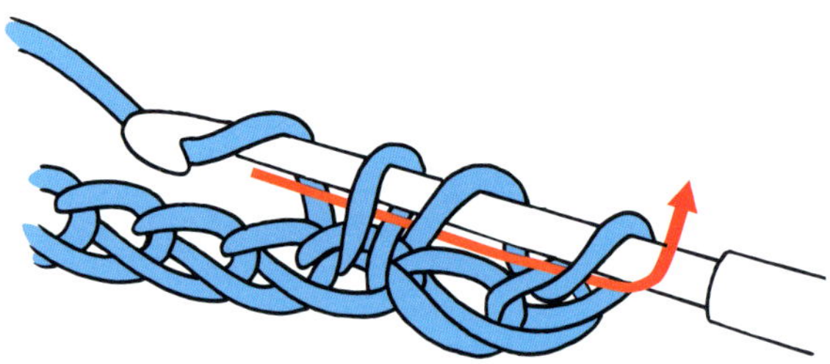

3. Den Faden erneut holen und durch alle drei Schlingen auf der Nadel ziehen.

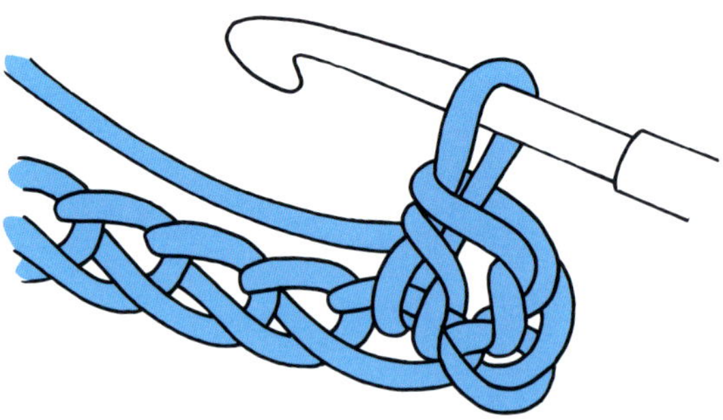

4. So sieht das fertige halbe Stäbchen aus. Für das nächste halbe Stäbchen direkt in die nächste Masche einstechen und den Vorgang wiederholen.

STÄBCHEN

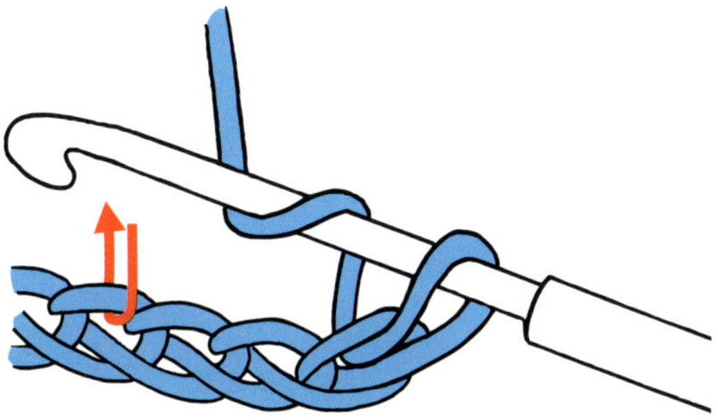

1. Den Faden einmal um die Nadel legen (Umschlag). Dann in die vierte Masche von der Nadel aus gesehen einstechen.

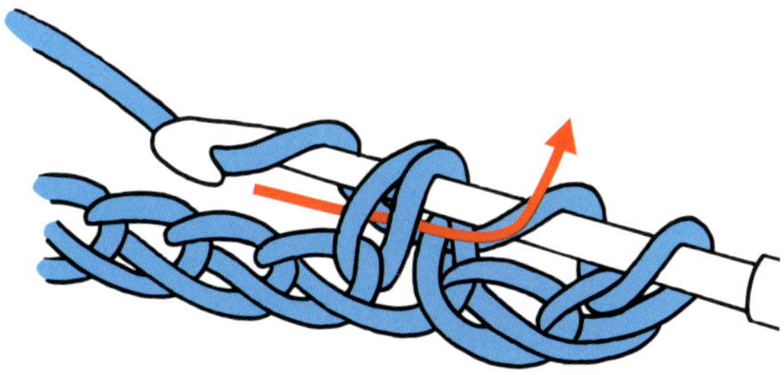

2. Den Faden holen und durch die Masche ziehen. Jetzt liegen drei Schlingen auf der Nadel.

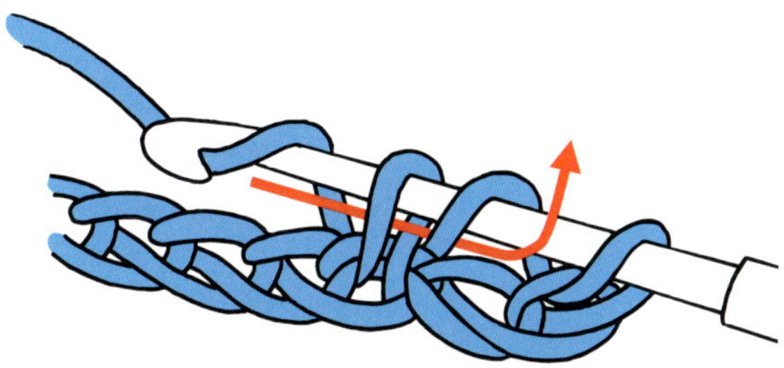

3. Den Faden noch einmal holen und durch die ersten beiden Schlingen auf der Nadel ziehen. Es liegen jetzt nur noch zwei Schlingen auf der Nadel.

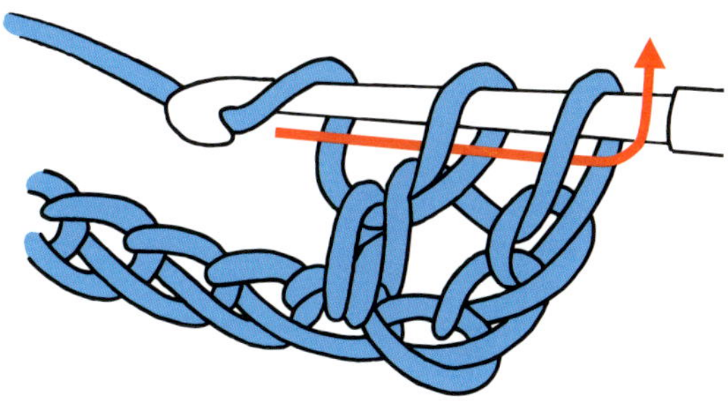

4. Den Faden noch einmal holen und durch die letzten beiden Schlingen ziehen. Das erste Stäbchen ist fertig.

DOPPELSTÄBCHEN

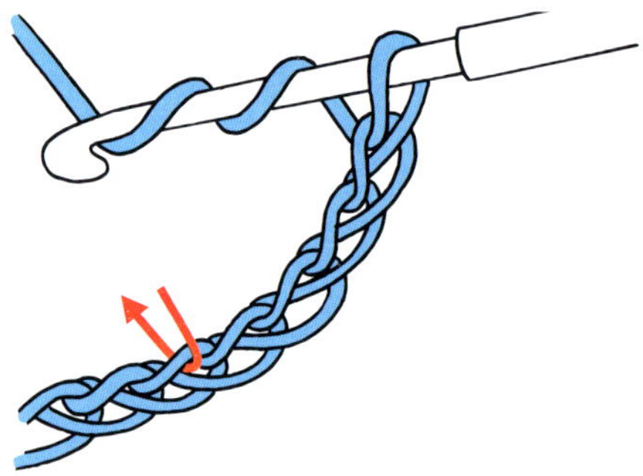

1. Den Arbeitsfaden zweimal um die Nadel legen und in die fünfte Masche (am Reihen-/Rundenanfang) bzw. in die folgende Masche (innerhalb einer Reihe/Runde) ab der Nadel einstechen. Den Arbeitsfaden holen. Es liegen nun vier Schlingen auf der Nadel.

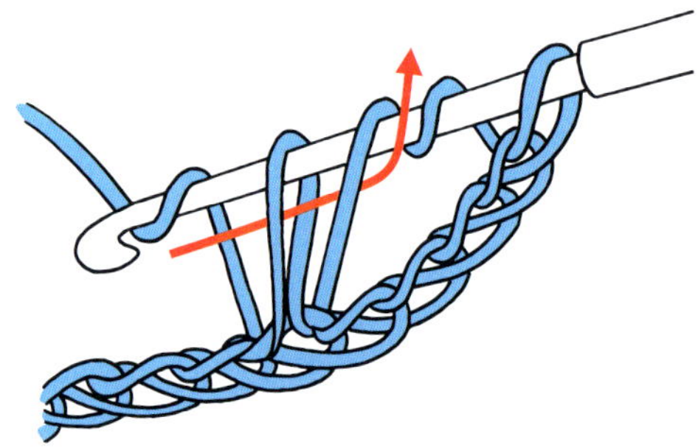

2. Den Arbeitsfaden erneut holen und ihn durch die ersten beiden Schlingen auf der Nadel ziehen. Es liegen dann noch drei Schlingen auf der Nadel.

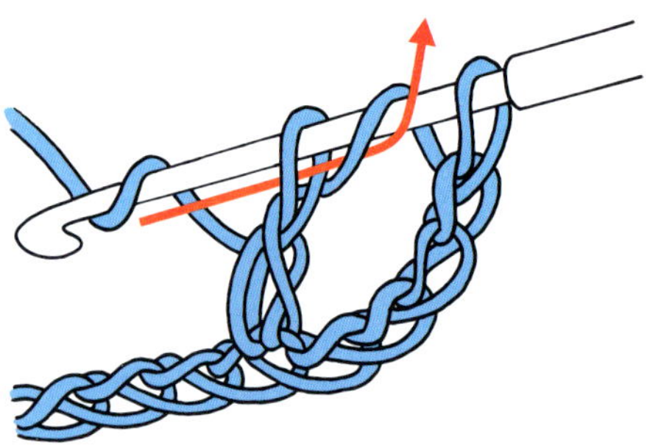

3. Erneut den Arbeitsfaden holen und durch die ersten beiden Schlingen auf der Nadel ziehen. Es liegen dann nur noch zwei Schlingen auf der Nadel. Den Arbeitsfaden erneut holen und ihn nun noch durch die letzten beiden Schlingen ziehen.

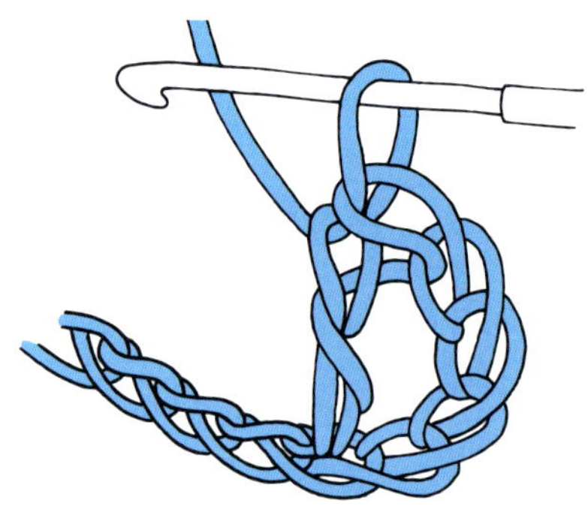

4. Fertig ist das Doppelstäbchen.

MASCHEN ZUNEHMEN

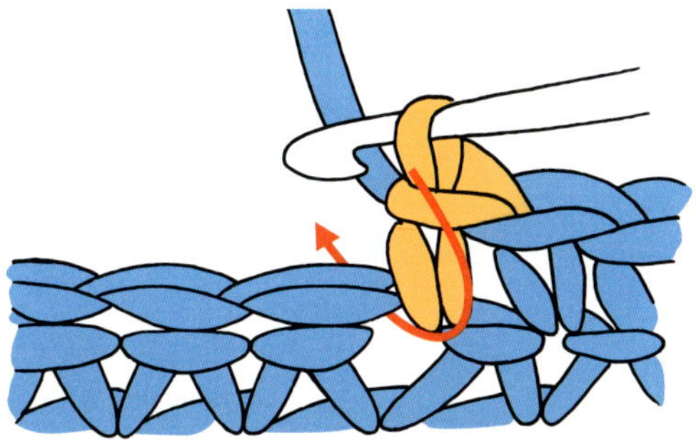

Um Maschen jeglicher Art zu verdoppeln, wird einfach in dieselbe Einstichstelle zweimal eingestochen, also hintereinander aus der gleichen Stelle heraus so oft wie angegeben eine Masche gehäkelt.

MASCHEN ABNEHMEN

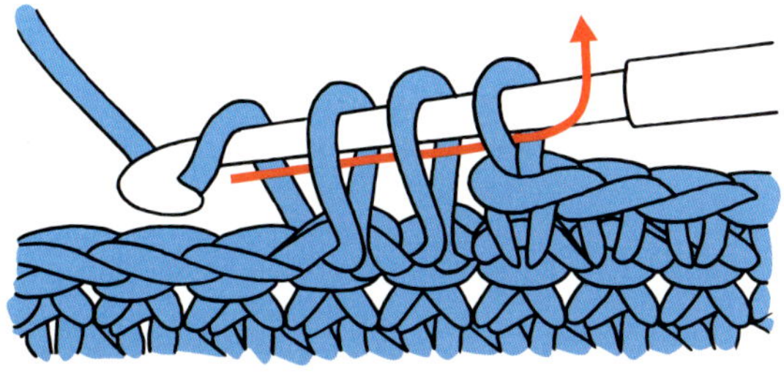

Um Maschen abzunehmen, werden diese zusammen abgemascht. Bei festen Maschen geht das wie folgt: Die Nadel wie beim Häkeln einer festen Masche durch die folgende Masche einstechen und den Faden holen, diese feste Masche jedoch nicht zu Ende häkeln.
Nun in die folgende Masche einstechen und den Faden erneut holen. Es liegen drei Schlingen auf der Nadel.
Den Faden noch einmal holen und durch alle drei Schlingen ziehen. Dadurch wird aus zwei Maschen eine und die Maschenzahl hat sich so um eine feste Masche verringert.

MASCHENGLIEDER

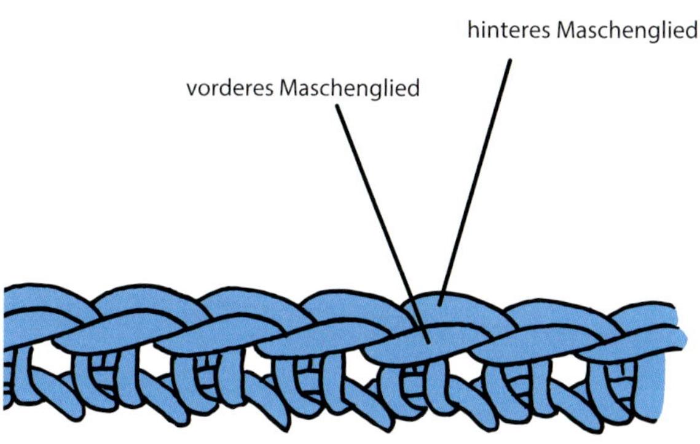

Bei manchen Anleitungen wird angegeben, dass nur in ein Maschenglied gehäkelt werden soll. Diese Illustration zeigt, wo sich das vordere bzw. das hintere Maschenglied befindet. Fürs Einstechen ins vordere Maschenglied von vorne unterhalb dieses Fadens einstechen und zwischen vorderem und hinterem Maschenglied hochkommen, fürs Einstechen ins hintere Maschenglied von oben zwischen beiden Gliedern einstechen und hinter der Arbeit wieder herauskommen.

HINWEISE ZUM HÄKELN

UMSTÜLPEN

Beim Häkeln in Runden gibt es eine Außen- und eine Innenseite, die sich im Maschenbild optisch voneinander unterscheiden. Für ungeübte Augen ist es oft nicht ganz leicht, die beiden Seiten auseinanderzuhalten. Das Maschenbild des fertigen Häkelstücks – in diesem Fall der fertigen Figur – sieht jedoch deutlich harmonischer aus, wenn die Außenseite tatsächlich außen ist. Wichtig ist es, nicht den Punkt zu verpassen, an dem die Arbeit umgestülpt werden sollte. Sobald die ersten Runden gehäkelt sind, beginnt das Häkelstück in der Regel sich mit der späteren Innenseite nach außen leicht nach oben zu wölben. Das ist der Moment, in dem die Arbeit umgestülpt werden sollte, sodass sich der Anfangsfaden nun im Inneren der Wölbung befindet. Bei sehr kleinen und dünnen Körperteilen, die über mehrere Runden mit nur vier oder sechs festen Maschen gearbeitet werden, sollte das sehr früh passieren, also schon nach der zweiten Runde. Je länger man auf der Innenseite weiterhäkelt, desto schwerer wird es später, das Körperteil noch umzustülpen. Bei größeren Teilen mit vielen Zunahmen bleibt die Arbeit meist sehr lange relativ flach und wölbt sich erst, wenn mehrere Runden in der gleichen Maschenzahl gehäkelt werden. Dann zeigt die Wölbung den Zeitpunkt an.

FLACHER RUNDENABSCHLUSS

Um einen möglichst flachen, sanften Abschluss am Ende jedes Körperteils zu bekommen, endet jede letzte Runde mit einer Kettmasche. So bildet sich keine unschöne Beule beim Annähen einzelner Teile. Aus Gründen der Übersichtlichkeit sind die Kettmaschen in den Anleitungen bis auf wenige Ausnahmen aber nicht extra aufgeführt. Sollte die Kettmasche vergessen werden, tut das dem Charme der fertigen Figur allerdings keinen Abbruch.

FARBWECHSEL

Für den Farbwechsel den zuvor verwendeten Faden ca. 10 cm hängen lassen und mit dem Faden der neuen Farbe in der nächsten Masche weiterhäkeln (siehe Bild). Die beiden Fadenenden im Inneren vernähen oder zwei- bis dreimal verknoten, sobald einige neue Maschen gehäkelt sind.

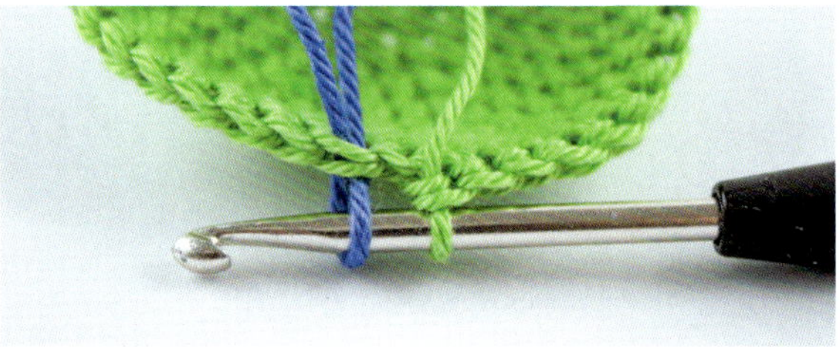

STOPFEN

Auch der Zeitpunkt des Stopfens hat Einfluss auf die Optik der Figur. Es ist meist sinnvoll, bereits während des Häkelns immer wieder zu stopfen, v. a. bei langen, dünnen oder zunehmend schmaler werdenden Teilen. Werden diese erst am Schluss gestopft, kommt man ggf. gar nicht bis in die letzte Ecke oder aber die Wolle verdichtet sich auf ihrem Weg durch das Teil zu einem festen Knubbel, der ein gleichmäßiges Ausformen erschwert oder verhindert. Bei größeren Teilen, die gegen Ende noch eine recht große Öffnung haben, kann auch erst kurz vor Fertigstellung gestopft werden. Wichtig ist stets, die Füllwatte, die z. B. mit einer stumpfen Schere in die Öffnung eingebracht werden kann, möglichst bauschig zu belassen und großflächig einzuarbeiten. Je dichter die Watte zusammengeknüllt wird, desto eher entstehen unschöne Knubbel in der fertigen Figur. Mit großen, bauschigen Portionen dagegen können alle Teile der Figur gleichmäßig ausgeformt werden. In den Anleitungen sind die für mich jeweils sinnvollen Stellen zum Stopfen angegeben. Jedoch sollten die Teile nach der letzten Runde nochmals nachgestopft werden. Gibt es keine Angaben zum Stopfen, wird das entsprechende Teil nicht gestopft!

TIPPS ZUM FERTIGSTELLEN

REIHENFOLGE BEACHTEN

Bei den Figuren im Buch kommt es immer wieder vor, dass Deckel oder Böden an Körper bzw. Gefäße der gleichen Farbe gehäkelt werden müssen. Bei solchen Anleitungen werden diese Teile immer als letzter Schritt gehäkelt. Das hat den Grund, dass der Faden des Deckels oder Bodens im Anschluss gleich weiterbenutzt wird, um das Teil mit dem Rest zusammenzuhäkeln. Die Erfahrung hat gezeigt, dass es sinnvoller ist, zuerst alle anderen Teile der gleichen Farbe fertigzustellen und erst dann den Deckel/Boden zu häkeln. So kann der Faden bequem hängen bleiben, bis er am Schluss zum Zusammenhäkeln gebraucht wird.

TEILE ZUSAMMENHÄKELN

In diesem Buch werden immer wieder Teile statt durch Nähen durch Zusammenhäkeln miteinander verbunden. Böden mit Gegenständen, Deckel mit „Töpfen“, Seitenteile mit Mittelteilen usw. Dafür werden Masche für Masche feste Maschen durch beide Teile gehäkelt (siehe Bild 1). Bei größeren Teilen aus Reihen, wie z. B. beim Bus, bei denen Seitenteile mit einem Mittelsteg verbunden werden, die Teile am besten mit Stecknadeln fixieren (siehe Bild 2). So ist sichergestellt, dass sie später in der richtigen Position aneinandersitzen – dass z. B. die Frontscheibe vom Bus vorne und nicht oben auf dem Dach sitzt – und dass die Länge des Mittelstegs ausreicht. Je nachdem, wie locker oder fest gehäkelt wird, muss der Mittelsteg durch leichtes Ziehen oder Stauchen an das Seitenteil angepasst werden. Um eine schön geformte Ecke zu erhalten, in die Ecken jeweils immer zwei feste Maschen häkeln. Beim Zusammenhäkeln von runden Teilen ergibt sich diese Schwierigkeit nicht, da die Böden/Deckel stets die gleiche Rundenzahl haben, wie der Rand vom Gefäß, an das sie gehäkelt werden. Das bedeutet, dass für jede Masche des Deckels/Bodens eine Masche im Rand vorhanden sein muss. Hier ist es auch egal, an welcher Stelle mit dem Zusammenhäkeln begonnen wird.

GEKONNT VERSTECKEN

Besonders am Kopf bzw. dem Teil, der später ein Gesicht haben wird, werden häufig viele Details angenäht oder aufgestickt, deren Fäden hinterher vernäht, oder wenn möglich, versteckt werden müssen. Dazu ist es unerlässlich, den Kopf mit so vielen Details wie möglich in Form von Sicherheitsaugen, Bäckchen, Ohren usw. fertigzustellen, bevor er auf den Körper bzw. den restlichen Teil genäht wird. So können alle Fadenenden verknotet oder vernäht und einfach im Körperinneren versteckt werden. Auch die übrigen Teile sollten nach Möglichkeit so angenäht werden, dass die Fadenenden sich noch irgendwo unsichtbar unter ein anderes Teil mogeln lassen.

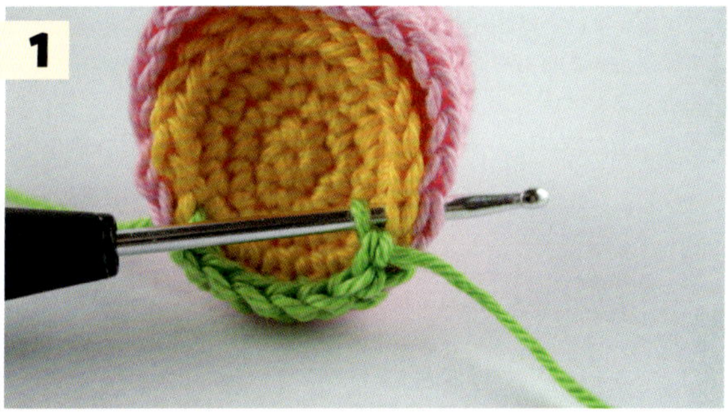

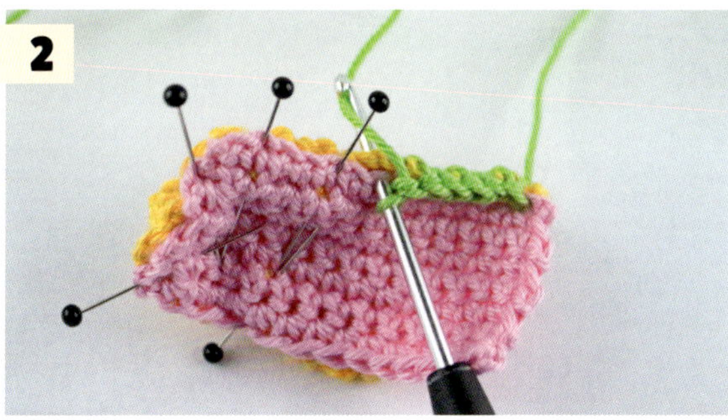

ZUSAMMENNÄHEN

FESTSTECKEN

Bevor die einzelnen Körperteile angenäht werden, ist es sinnvoll, sie mit Stecknadeln an der richtigen Stelle am Körper festzustecken. So kann zum einen die optimale Position der Einzelteile ermittelt werden, zum anderen verhindert das Feststecken, dass die Einzelteile sich während des Annähens verziehen und später schief am Körper sitzen. Für eine schönere Optik der fertigen Figur sollte beim Zusammennähen zudem darauf geachtet werden, dass bei mehrfarbigen Teilen die Farbübergänge jeweils hinten sitzen und von vorne nicht sichtbar sind.

ÜBERWENDLINGSSTICH

Für alle Näharbeiten wird der Überwendlingsstich verwendet. Legen Sie die Teile rechts auf rechts aufeinander. Führen Sie die Nadel stets über den Rand nach hinten und stechen Sie von hinten durch beide Teile.

RICHTIGE POSITION

Die richtige Position der Einzelteile, vor allem im Kopf- bzw. Gesichtsbereich ist von zentraler Bedeutung für den späteren Look der Figur. Ob die Ohren beispielsweise oben auf dem Kopf, oder seitlich, eher hinten, oder etwas weiter vorne sitzen, hat großen Einfluss darauf, ob ein Tier später niedlich, elegant, traurig usw. aussieht. Auch die Position von Hüten und Mützen, der Abstand von Beinen oder Blättern sowie die Höhe der Arme verändern die Optik deutlich. Daher rate ich tatsächlich zum Feststecken und Ausprobieren, bevor die Einzelteile angenäht werden. Das Gleiche gilt auch für das Gesicht, denn das Gesicht gibt der Figur ihren Charakter! Deshalb sollte man sich vor allem hier genug Zeit nehmen und so lange herumprobieren, bis das individuell passende Gesicht gefunden ist. Eine kleine Gesichterkunde zum Thema Kawaii folgt im Anschluss.

KLEINE KAWAII GESICHTERKUNDE

Wie bereits erwähnt, ist das Gesicht grundsätzlich, aber vor allem bei Figuren im Kawaii-Stil, absolut entscheidend für die spätere Optik und das Maß an erreichter Niedlichkeit. Höhe und Abstand der Augen, die Form und Position des Munds, die Entscheidung für oder gegen Bäckchen und schließlich der richtige Einsatz von Augenbrauen und Highlights im Augenbereich sind daher vermutlich der grundlegendste Arbeitsschritt auf dem Weg zum maximal putzigen Kawaii. Erschwert wird dieser Schritt allerdings dadurch, dass das Gesicht aufgrund der Sicherheitsaugen schon sehr früh fertiggestellt werden muss, d. h. bei einem Großteil der Figuren muss man sich bereits darüber im Klaren sein, welchen Ausdruck die Figur später haben soll, bevor sie fertig ist oder man zumindest eine Idee der fertigen Figur bekommt. Aus diesem Grund sollen die folgenden Gestaltungsbeispiele Entscheidungshilfen darstellen, aber auch zum Experimentieren einladen. Am besten mit Kreativität und Geduld so lange probieren, bis das Gesicht absolut „kawaii“ ist.

BÄCKCHEN

Die Bäckchen sind der einzige Teil des Gesichts, der erst nach Fertigstellen der kompletten Figur aufgenäht werden sollte. Hier stellt sich nämlich grundsätzlich die Frage: passen sie oder nicht? Einige Figuren im Buch sind so klein, dass sich die Frage schon aus Platzgründen erübrigt, wie z.B. die Raupe. Generell muss immer überlegt werden, ob die Bäckchen zu sehr vom eigentlichen Gesichtsausdruck ablenken, ob die Figur damit überladen wirkt, oder ob sie diesen „Platzfüller“ vielleicht sogar dringend braucht, weil sie sonst zu kahl wirkt. Dabei spielt es keine Rolle, wie groß die Gesichtsfläche ist. Im Buch finden sich einige Figuren, die trotz ihrer großen Fläche mit Bäckchen überfrachtet aussähen. Andere kleinere dagegen wirken mit Bäckchen harmonischer. Natürlich sind solche Gestaltungselemente vom eigenen Geschmack abhängig. Daher auch hier der Appell: mutig sein und selber ausprobieren!

AUGEN

Zunächst einmal rein technische Hinweise: Sicherheitsaugen gibt es in den unterschiedlichsten Ausführungen. Für die Kawaiis im Buch wurden sogenannte Stecksicherheitsaugen mit Stift auf der Rückseite und einer separaten, durchsichtigen Steckscheibe verwendet. Die Augen haben alle einen Durchmesser von 5 mm oder 6 mm. Die Augen werden von vorne an der richtigen Position durch das Häkelstück geschoben und dann hinten die Steckscheibe auf den Stift gesteckt. Um die Augen noch besser zu fixieren, kann das Ende des Stifts, nachdem die Scheibe aufgesteckt wurde, mit einem Feuerzeug kurz erhitzt werden, bis das Plastik beginnt zu schmelzen (siehe Bild 1). Nun möglichst zügig mit einem flachen Stück Metall (z. B. die Seite einer Scherenklinge) das geschmolzene Stiftende über der Scheibe platt drücken (siehe Bild 2). So kann die Scheibe auf keinen Fall mehr abrutschen (siehe Bild 3). Aber Achtung! Der Schritt, die Scheibe aufzustecken und durch Hitze platt zu drücken, sollte erst dann erfolgen, wenn das Gesicht fertig ausgestaltet wurde. Sobald die Steckscheibe auf dem Stift sitzt, kann das Auge nicht mehr ohne größeren Schaden entfernt werden!
Und damit sind wir bei der Gestaltung des Gesichts. Grundsätzlich lässt sich sagen, dass das Gesicht umso niedlicher wirkt, je größer die Augen sind und je dichter sie zusammenstehen. Das hat mit dem Kindchenschema zu tun, das vermutlich den meisten, ob mit oder ohne Erfahrung im figürlichen Häkeln, bekannt ist. Große, eng stehende Kulleraugen und ein kleiner Mund = niedlich! Dennoch muss bei jeder Figur individuell ausprobiert werden, ob das im vorliegenden Fall auch gilt. Wenn der Kopf bzw. das Teil, an dem das Gesicht sitzt, zu großflächig ist, muss genau abgewogen werden, wie eng sie stehen können, ohne dass sie verloren wirken. Oft kann schon eine Masche Abstand mehr oder weniger zwischen den Augen einen großen Unterschied im Ausdruck ausmachen (siehe Bild 4). Auch welche Augengröße die richtige ist, hängt von der Größe des Körperteils ab. Zu groß ist trotz Kindchenschema nicht unbedingt immer sinnvoll.

1
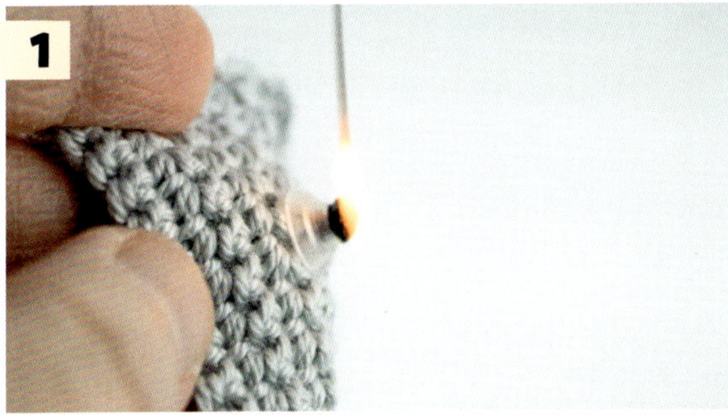

2
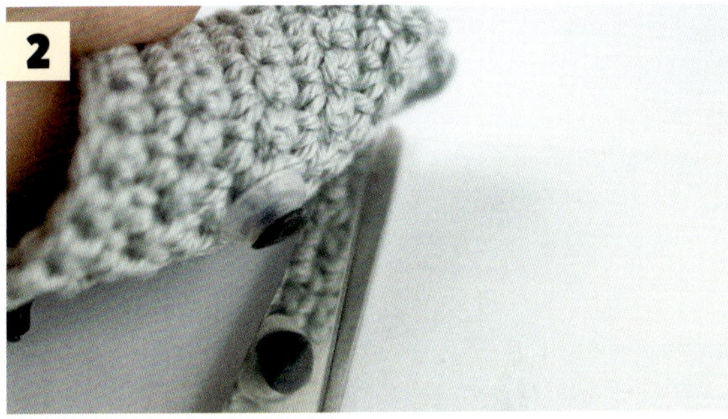

3
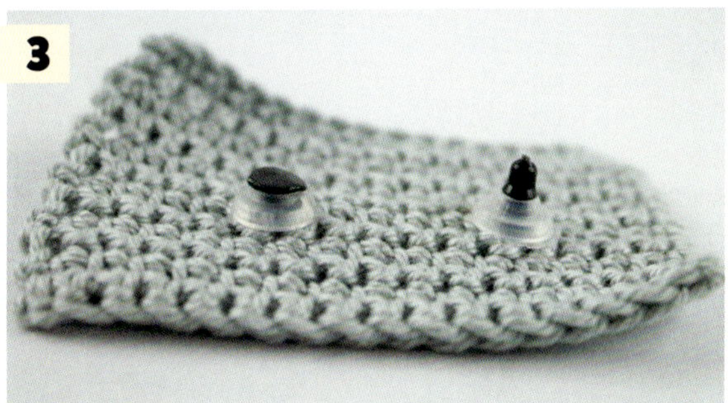

4
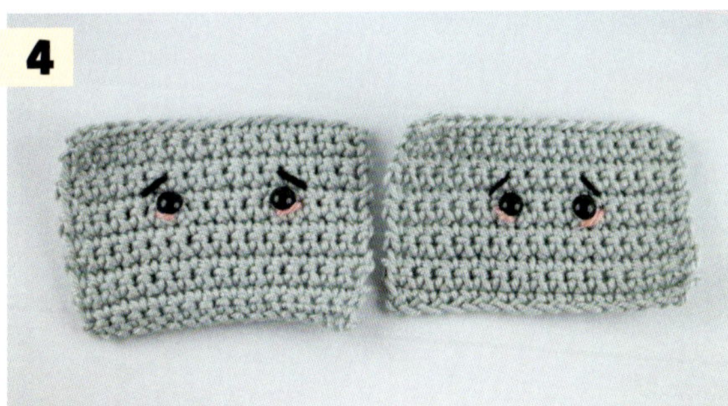

MUND

Für den Mund, die Bäckchen und die Details im Bereich der Augen können hervorragend Garnreste recycelt werden. 10 cm schwarzes Garn reichen beispielsweise schon für ein verschmitztes Lächeln. Dabei spielt die Dicke des Garns eine entscheidende Rolle. Die im Buch verwendeten Baumwollgarne sind alle 4-fädig, d. h. sie bestehen aus vier miteinander verzwirbelten Einzelfäden. Wird das Garn so verwendet, wie es ist, werden Mund oder Brauen im Verhältnis zu den Augen sehr dick und mitunter wuchtig (siehe Bild 4). Je nach gewünschtem Effekt kann das durchaus funktionieren. Für einen feineren Gesichtsausdruck sollte das Garn allerdings ausgedünnt werden, indem man vorsichtig einen oder sogar zwei Fäden herauszieht. Mit diesem dünneren Garn sehen Mund und Brauen viel filigraner, zarter und damit niedlicher aus. Hier lohnt es sich wieder, auszuprobieren und mit der Dicke des Garns zu spielen. Aber Vorsicht, ein Einzelfaden alleine reißt recht schnell. Für besonders dünne Linien daher lieber ein etwas dickeres Nähgarn statt eines Einzelfadens benutzen (siehe Bild 1). Bei der Gestaltung des Munds gibt es unterschiedliche Möglichkeiten. In diesem Buch wurden hauptsächlich drei Arten verwendet, der „Zackenmund“, das „verschmitzte Lächeln“ und beim Geist der „schaurig geöffnete Mund“.

ZACKENMUND

Für den Zackenmund werden zwei Steppstiche in Form einer nach unten gerichteten Zacke gearbeitet. Hier lässt sich die Breite des Lächelns dadurch beeinflussen, wie lang die einzelnen Stiche gearbeitet werden und wie weit sie auseinanderstehen.

SCHAURIG GEÖFFNETER MUND

Der schaurig geöffnete Mund wurde in diesem Buch nur für das Gespenst verwendet. Denkbar wäre er aber auch, um eine Figur erschrocken oder erstaunt aussehen zu lassen. Für diesen Mund werden zwei oder drei ganz kurze Steppstiche auf der gleichen Stelle gearbeitet (siehe Bild 2). So wirkt der Mund etwas rundlicher, als würde er ein „Oh“ formen. Hier kann z. B. dickeres Garn sehr hilfreich sein. Der Vollständigkeit halber sei erwähnt, dass es auch Figuren gibt, die am besten ganz ohne Mund funktionieren.

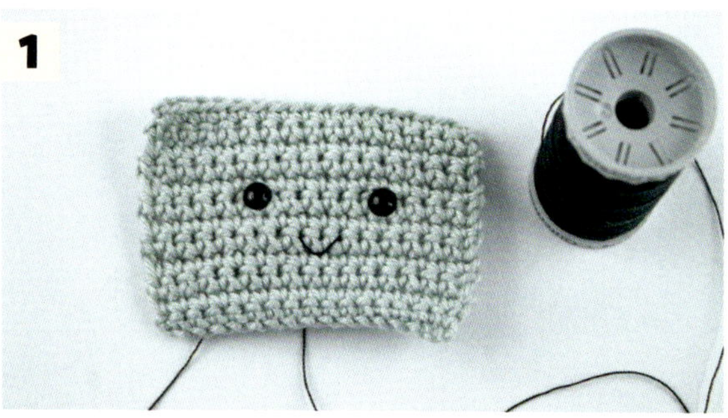

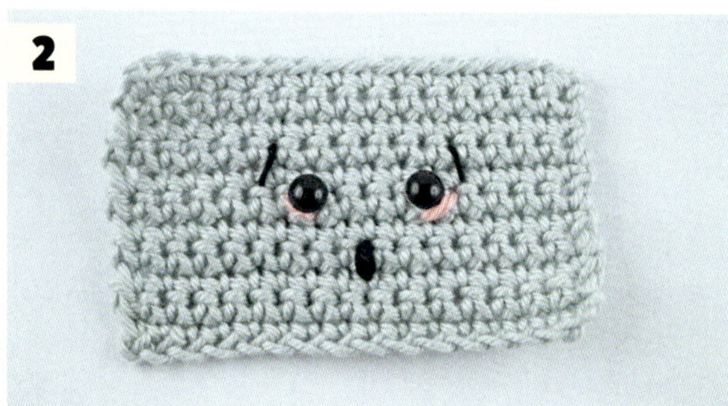

VERSCHMITZTES LÄCHELN

Das verschmitzte Lächeln sitzt in der Regel etwas seitlich, fast unterhalb eines der beiden Augen, ist eher mit einem kurzen Stich gestickt und geht nur leicht nach oben. Dieses Lächeln kann entweder aus einem kurzen geraden und einem leicht nach oben geneigten, noch kürzeren Steppstich gearbeitet werden, oder aus einem etwas längeren, der von einem weiteren Stich in Form gebracht wird. Für diese Variante wird nach dem Steppstich nochmals von unten auf Höhe der Stichmitte der Faden nach oben geholt. Dann sticht man an der gleichen Stelle, allerdings auf der anderen Seite des ersten Steppstichs gleich wieder ein (siehe Bild 1 und 2). Der Steppstich wird sozusagen an dieser Stelle einmal vom Faden umwickelt. Dadurch verzieht sich die Mitte des Munds etwas nach unten und es entsteht automatisch eine geknickte bzw. gebogene Form (siehe Bild 3). Bei zwei Fäden kann diese Technik genutzt werden, um einen etwas geöffneten Mund zu gestalten. Dafür wird wie zuvor der erste Steppstich gearbeitet und der Faden danach nochmals nach oben gezogen (siehe Bild 4), aber diesmal mitten durch die beiden Fäden hindurch und wenn wieder nach unten eingestochen wird, wird er nur um einen der Fäden gelegt (siehe Bild 5). So zieht sich nur ein Faden nach unten, während der andere gerade bleibt. Es entsteht der Eindruck eines geöffneten Munds (siehe Bild 6). Dabei ist darauf zu achten, dass die Fäden möglichst locker nebeneinanderliegen und nicht mehr zu sehr miteinander verzwirbelt sind, weil sich sonst der Faden nicht alleine nach unten zieht, sondern den zweiten immer mitnimmt. Diese Gestaltungstechnik erfordert möglicherweise ein bisschen Übung, aber die Mühe lohnt sich.

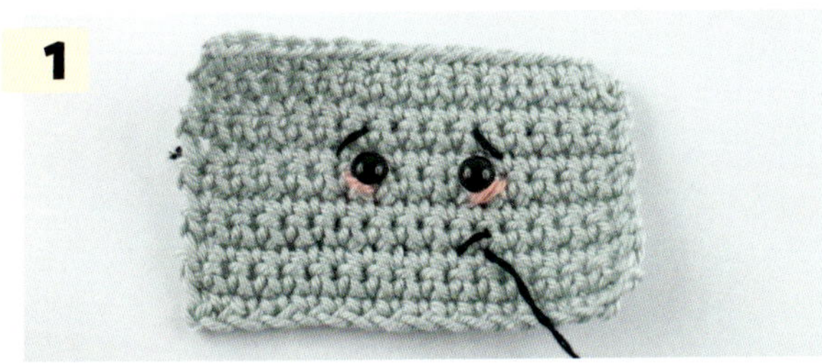

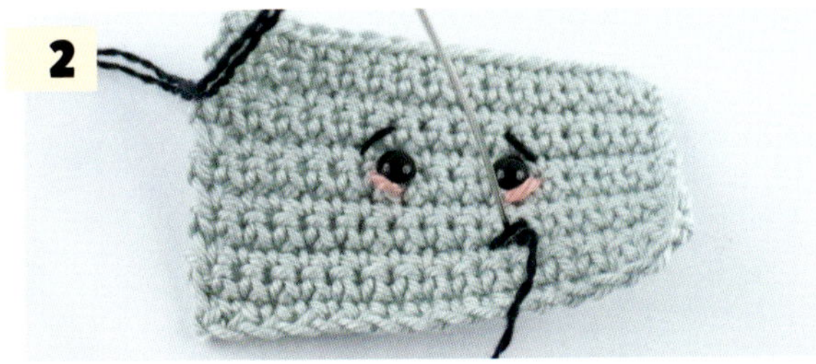

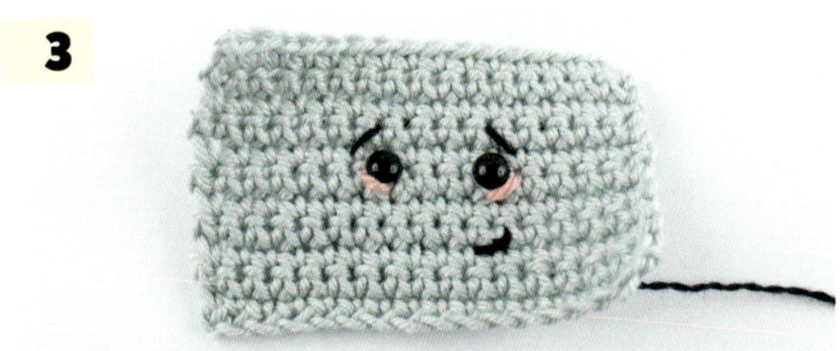

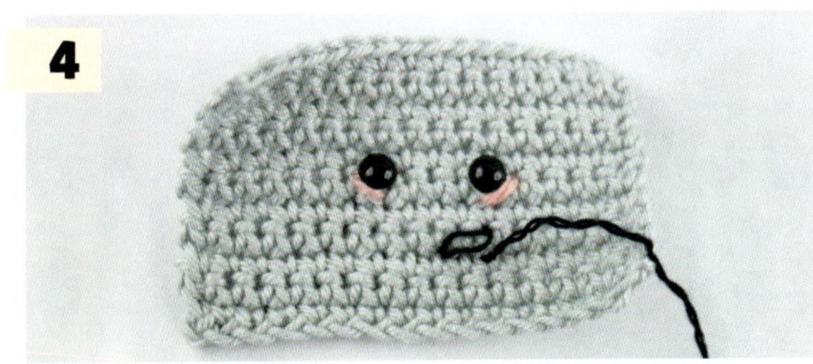

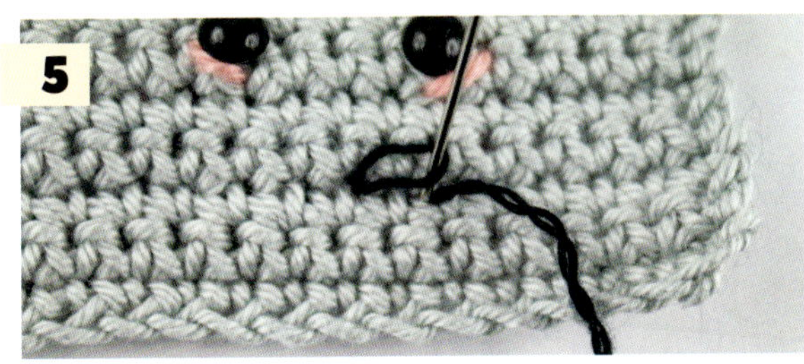

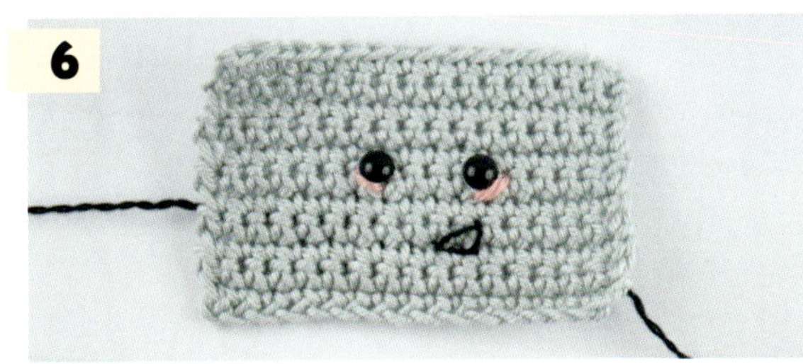

DETAILS

Mit Details sind vor allem die Augenbrauen und die kurzen, farbigen Striche als Akzente unter den Augen gemeint. Die Form der Augenbrauen legt fest, ob die Figur niedlich, grimmig, erstaunt oder traurig aussieht. Hier einige Gestaltungsbeispiele.

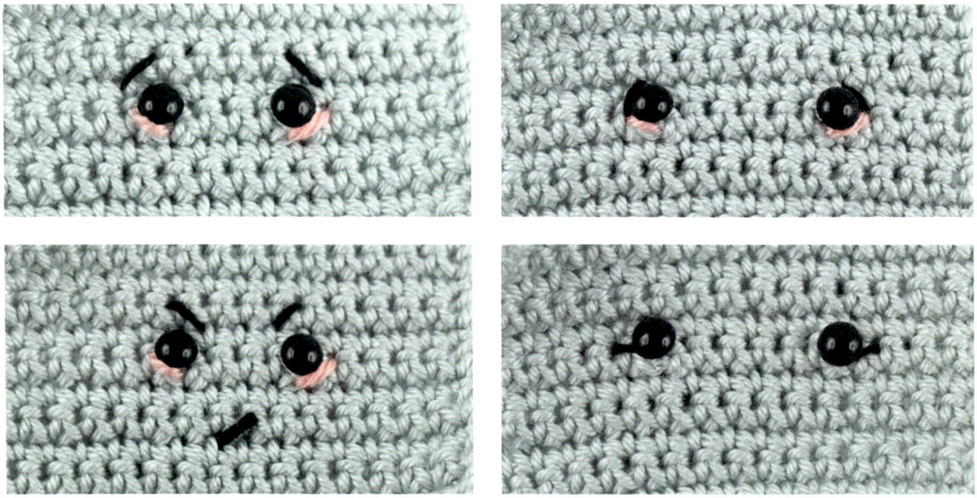

Auch ob und in welcher Länge und Position bunte Highlights unter die Augen gesetzt werden, kann die Wirkung der Augen maßgeblich beeinflussen. Auch hierzu einige Beispiele.

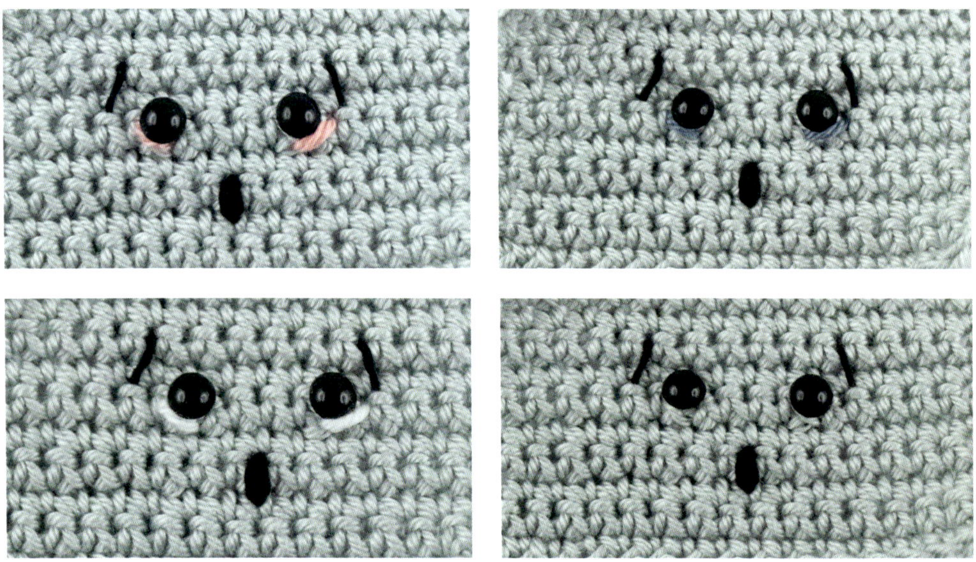

WEITERE VERWENDUNGSZWECKE

Alle Figuren in diesem Buch sind zwischen 9 und 15 cm groß. Durch ihre Größe sind die Kawaii-Figuren ideal als kleines Geschenk und für weitere, unterschiedliche Verwendungszwecke geeignet. Mit einem Schlüsselring versehen, sind sie beispielsweise niedliche Schlüssel- oder Taschenanhänger sowie fröhliche Glücksbringer für Prüfungen. Die Figuren aus dem Kapitel „Zu Hause" (ab Seite 32) bieten sich als Mitbringsel zur Einweihungsfeier von Freunden oder Geschwistern im neuen Heim an. Oder als Gegenstände fürs Puppenhaus. Kleine Puppeneltern und Hobbyköche freuen sich selbstverständlich über alle Lebensmittel und das Geschirr aus dem Café (ab Seite 44) und vom Frühstück (ab Seite 26). Auch ein Kaufladen kann prima mit den bunten Figuren bestückt werden. Die Allerkleinsten staunen über ein Mobile oder eine Kinderwagenkette mit den Figuren aus „In der Luft" (ab Seite 80), „Im Wald" (ab Seite 60) oder „Unter Wasser" ab (Seite 74). Zu Halloween oder Weihnachten können Girlanden aus Spinnen, Kürbissen, Tannenbäumen oder bunten Geschenken die Zimmer schmücken (ab Seite 86 und 92). So findet sich für jede Figur eine Aufgabe.

SCHWIERIGKEITSGRADE

So richtig schwierig ist keines der Projekte in diesem Buch. Vergleicht man sie untereinander, sind einige aber dennoch einfacher zu arbeiten als andere. Orientiere dich an folgenden Symbolen, um herauszufinden, wie anspruchsvoll die Anleitung ist.

süß und einfach

niedlich und mittelschwer

bezaubernd und anspruchsvoll

ABKÜRZUNGEN

abn = abnehmen

anschl = anschlagen

Fb = Farbe

fM = feste Masche(n)

hStb = halbe(s) Stäbchen

ihM = ins hintere Maschenglied

ivM = ins vordere Maschenglied

Km = Kettmasche(n)

LL = Lauflänge

Lm = Luftmasch(n)

M = Masche(n)

MM = Maschenmarkierer

Nd = Nadel

R = Reihe(n)

Rd = Runde(n)

Stb = Stäbchen

wdh = wiederholen

zun = zunehmen

zus = zusammen

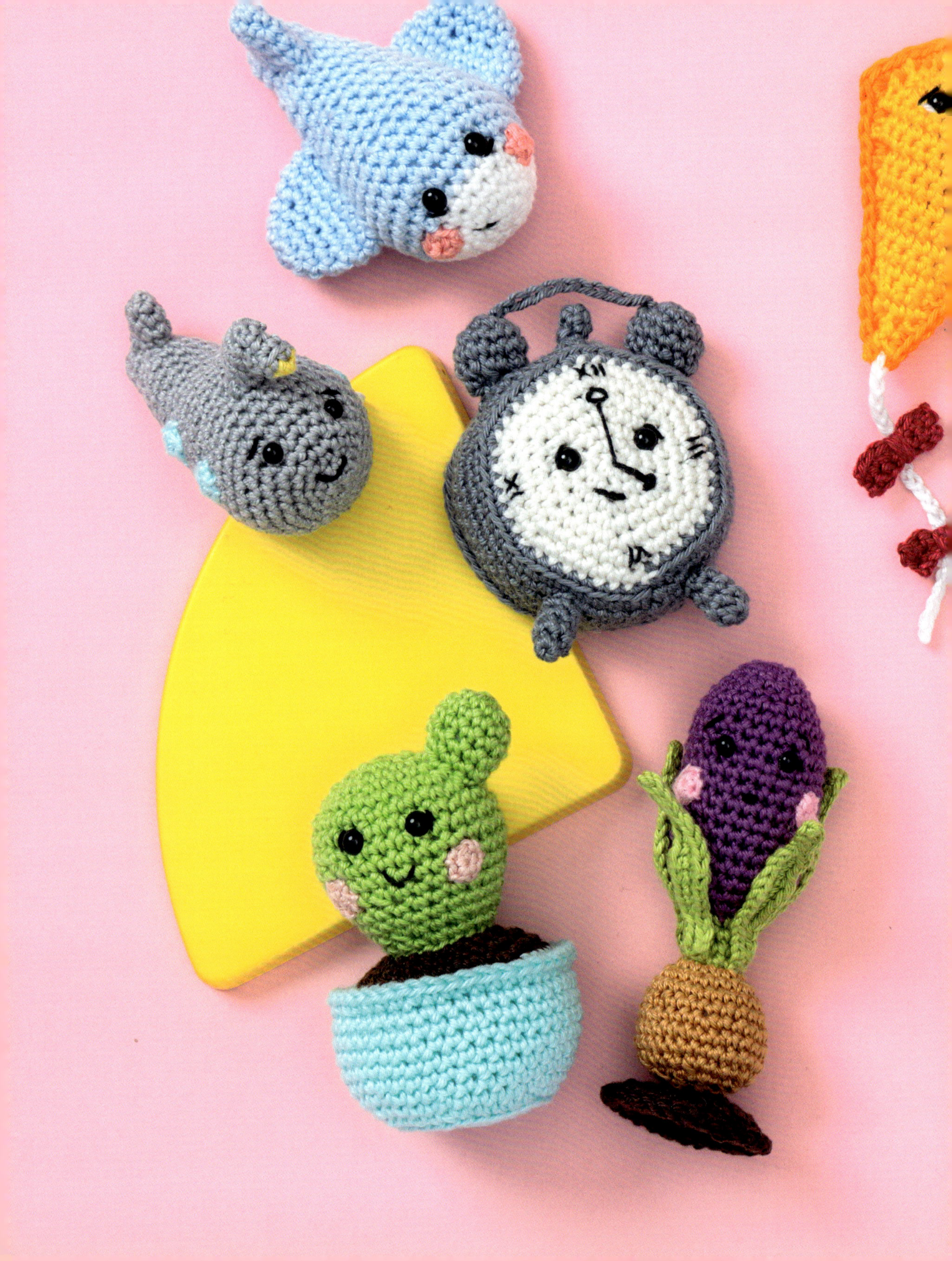

PROJEKTE

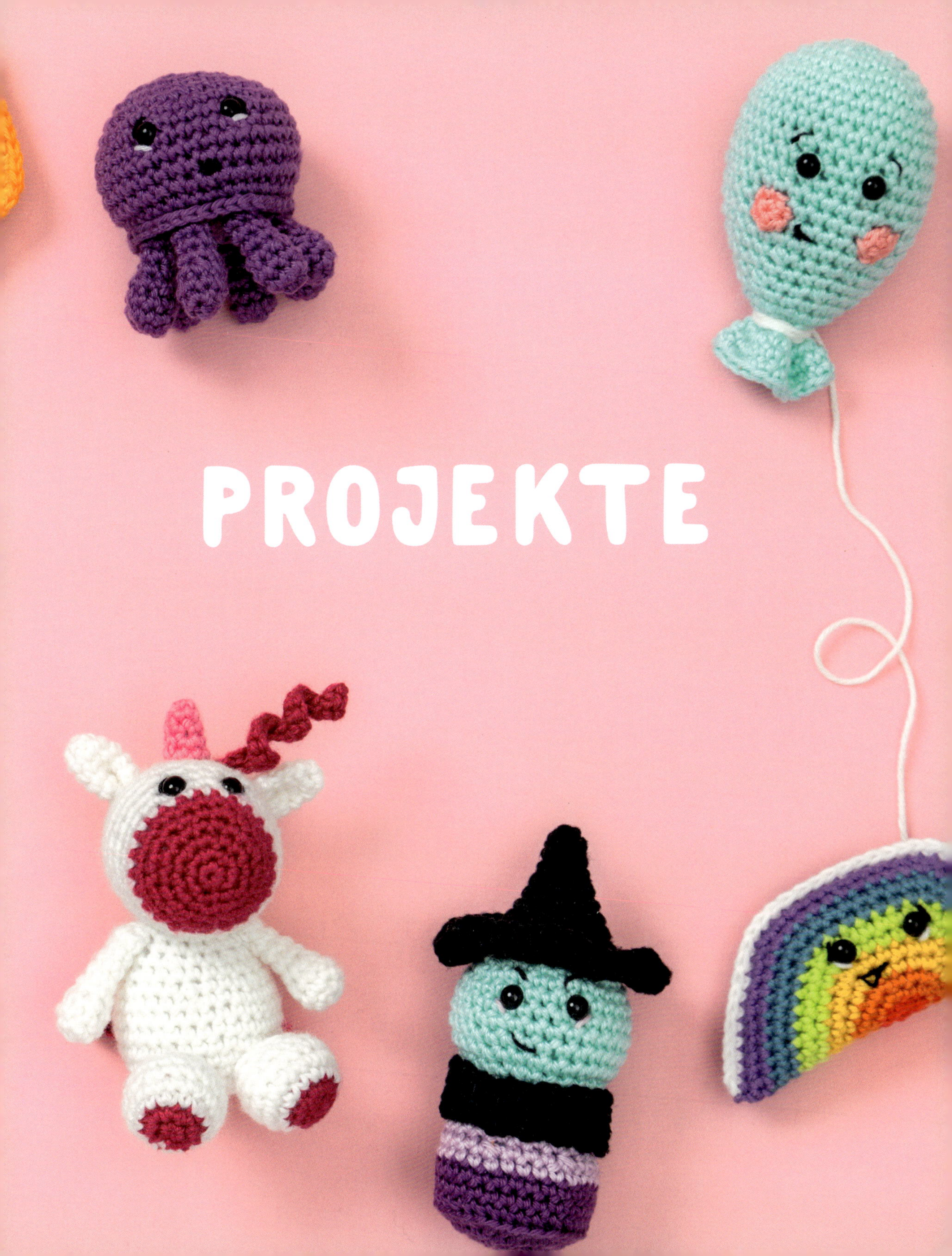

SPIEGELEI

MATERIAL

- *Schachenmayr Catania (100 % Baumwolle, LL 125 m/50 g) in Sonne (Fb 208) und Natur (Fb 105), je ca. 10 g, in Orchidee (Fb 222) und Schwarz (Fb 110) je einen Rest*
- *Sicherheitsaugen, Ø 6 mm*
- *Häkelnadel 3,0 mm*
- *Füllwatte*
- *Wollnadel*

SO WIRD'S GEMACHT

Alle Teile werden einzeln in Spiral-Rd gearbeitet und anschließend zusammengenäht. Es werden hStb, Stb und DStb benötigt.

EIGELB

1. Rd: In Sonne 6 fM in einen Magic Ring häkeln(= 6 M).
2. Rd: 6x 1 M zun (= 12 M).
3. Rd: * 1 fM, 1 M zun *, von * bis * noch 5x wdh (= 18 M).
4. Rd: 1 fM in jede M der Vor-Rd (= 18 M).
5. Rd: * 2 fM, 1 M zun *, von * bis * noch 5x wdh (= 24 M).
6. Rd: 1 fM in jede M der Vor-Rd (= 24 M).
Den Faden zum Annähen ca. 30 cm lang abschneiden.

EIWEIß VORDERSEITE

1. Rd: In Natur 6 fM in einen Magic Ring häkeln (= 6 M).
2. Rd: 6x 1 M zun (= 12 M).
3. Rd: * 1 fM, 1 M zun *, von * bis * noch 5x wdh (= 18 M).
4. Rd: * 2 fM, 1 M zun *, von * bis * noch 5x wdh (= 24 M).
5. Rd: * 3 fM, 1 M zun *, von * bis * noch 5x wdh (= 30 M).
6. Rd: * 4 fM, 1 M zun *, von * bis * noch 5x wdh (= 36 M).
7. Rd: * 5 fM, 1 M zun *, von * bis * noch 5x wdh (= 42 M).
8. Rd: * 6 fM, 1 M zun *, von * bis * noch 5x wdh (= 48 M).
9. Rd: 3 fM, 1 hStb, 1 Stb, 1 DStb, 1 Stb, 1 hStb, 1 fM, 10 Km, 1 fM, 1 hStb, 2 Stb, 1 hStb, 7 Km, 1 fM, 1 hStb, 1 DStb, 1 hStb, 13 Km.
Den Faden abschneiden und vernähen.

EIWEIß RÜCKSEITE

1. Rd: In Natur 6 fM in einen Magic Ring häkeln (= 6 M).
2. Rd: 6x 1 M zun (= 12 M).
3. Rd: * 1 fM, 1 M zun *, von * bis * noch 5x wdh (= 18 M).
4. Rd: * 2 fM, 1 M zun *, von * bis * noch 5x wdh (= 24 M).
5. Rd: * 3 fM, 1 M zun *, von * bis * noch 5x wdh (= 30 M).
6. Rd: * 4 fM, 1 M zun *, von * bis * noch 5x wdh (= 36 M).
7. Rd: * 5 fM, 1 M zun *, von * bis * noch 5x wdh (= 42 M).
8. Rd: * 6 fM, 1 M zun *, von * bis * noch 5x wdh (= 48 M).
9. Rd: 13 Km, 1 hStb, 1 DStb, 1 hStb, 1 fM, 7 Km, 1 hStb, 2 Stb, 1 hStb, 1 fM, 10 Km, 1 fM, 1 hStb, 1 Stb, 1 DStb, 1 Stb, 1 hStb, 3 fM.
Den Faden nicht abschneiden, sondern später zum Zusammenhäkeln benutzen.

FERTIGSTELLEN

Alle nun folgenden Näharbeiten werden mit einfachen Überwendlingsstichen (siehe Seite 18) gearbeitet und die Fadenenden sorgfältig vernäht. Zunächst das Gesicht auf dem Eigelb ausgestalten (siehe ab Seite 18). Danach das Eigelb auf dem Eiweiß feststecken und annähen. Dabei kurz vor dem Schließen mit Füllwatte ausstopfen. Das Eigelb auf eine Seite des Eiweißes nähen. Nun die zweite Seite Eiweiß so mit der ersten Seite zusammenhäkeln, dass alle Auswölbungen aufeinanderpassen.

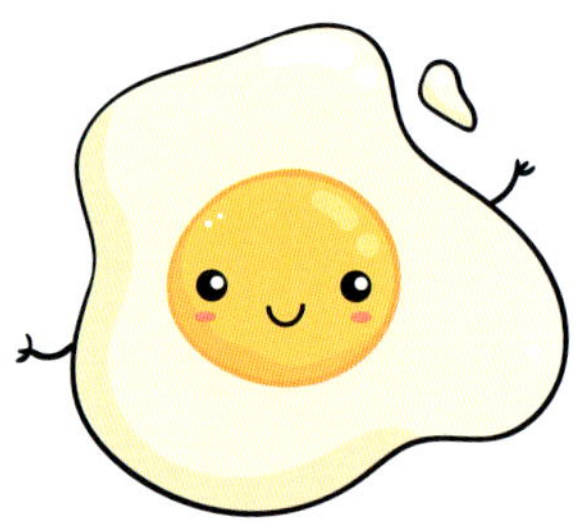

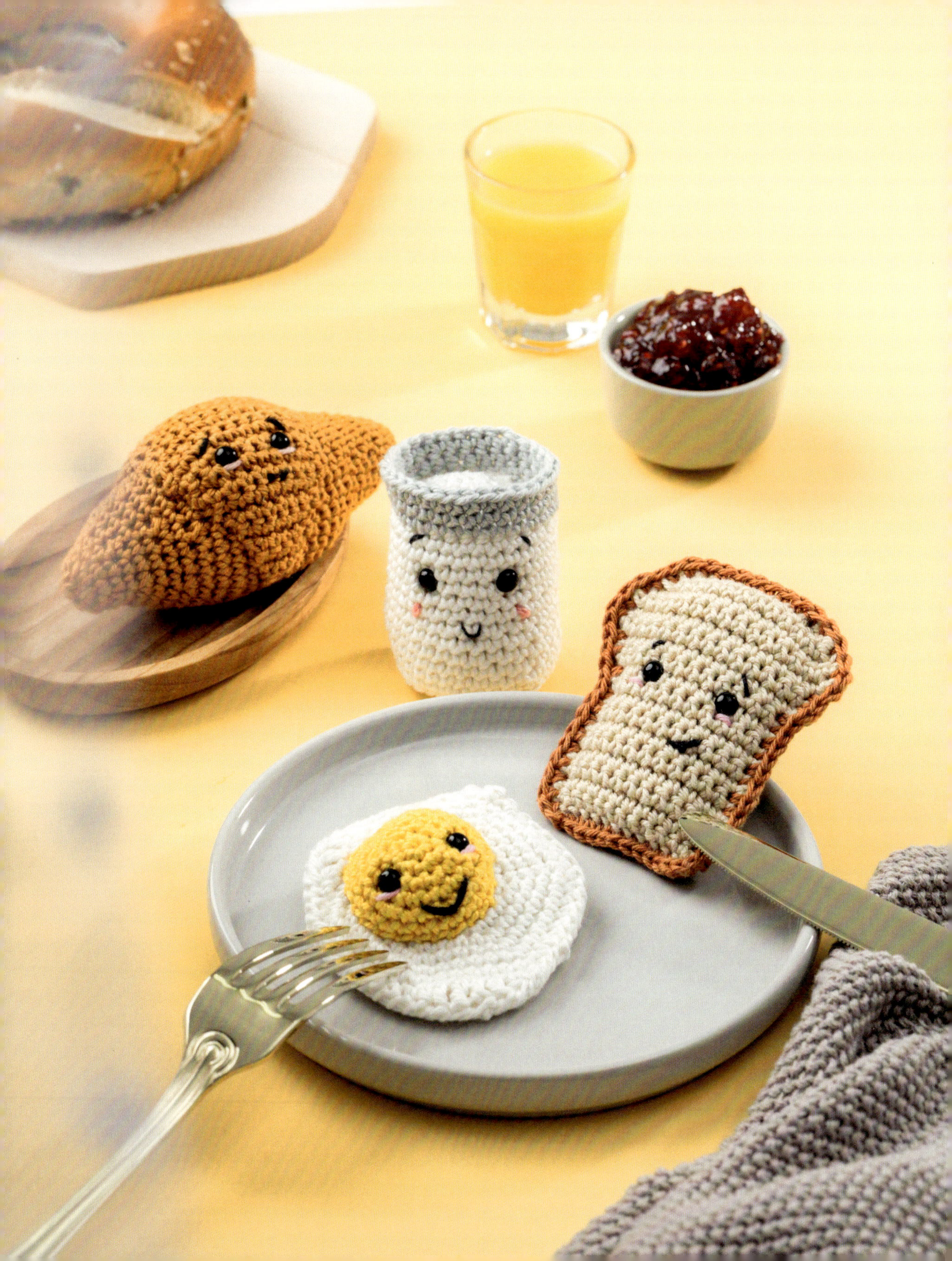

MILCHGLAS

MATERIAL

- *Schachenmayr Catania (100 % Baumwolle, LL 125 m/50 g) in Natur (Fb 105), ca. 10 g, und in Nebel (Fb 434), Orchidee (Fb 222) und Schwarz (Fb 110), je einen Rest*
- *Sicherheitsaugen, Ø 6 mm*
- *Häkelnadel 3,0 mm*
- *Füllwatte*
- *Wollnadel*

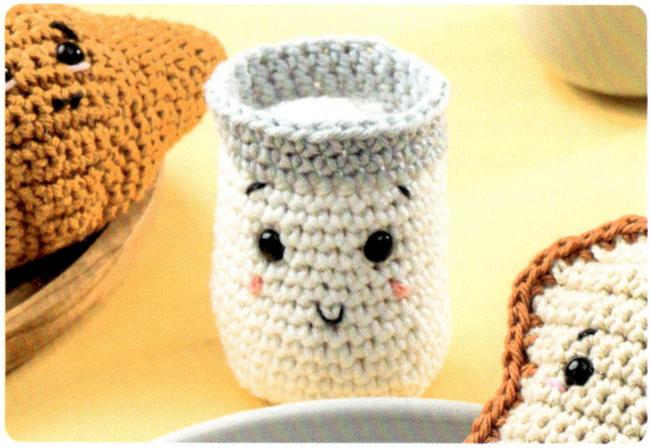

SO WIRD'S GEMACHT

Das Glas wird in Spiral-Rd gearbeitet und anschließend mit dem weißen Milchdeckel verschlossen.

GLAS

1. Rd: In Natur 6 fM in einen Magic Ring häkeln (= 6 M).
2. Rd: 6x 1 M zun (= 12 M).
3. Rd: * 1 fM, 1 M zun *, von * bis * noch 5x wdh (= 18 M).
4. Rd: * 2 fM, 1 M zun *, von * bis * noch 5x wdh (= 24 M).
5. Rd: * 3 fM, 1 M zun *, von * bis * noch 5x wdh (= 30 M).
6. Rd: 1 fM ihM jeder M der Vor-Rd (= 30 M).
7.–17. Rd: 1 fM in jede M der Vor-Rd (= 30 M).
Fb-Wechsel zu Nebel.
18.–20. Rd: 1 fM in jede M der Vor-Rd (= 30 M).
Den Faden abschneiden und vernähen.

MILCH

1. Rd: In Natur 6 fM in einen Magic Ring häkeln (= 6 M).
2. Rd: 6x 1 M zun (= 12 M).
3. Rd: * 1 fM, 1 M zun *, von * bis * noch 5x wdh (= 18 M).
4. Rd: * 2 fM, 1 M zun *, von * bis * noch 5x wdh (= 24 M).
5. Rd: * 3 fM, 1 M zun *, von * bis * noch 5x wdh (= 30 M).
Den Faden zum Annähen ca. 30 cm lang abschneiden.

FERTIGSTELLEN

Zunächst das Gesicht im weißen Teil des Glases ausgestalten (siehe ab Seite 18). Dann die Milch auf Höhe des Fb-Wechsels mit dem Faden der Milch mit einem einfachen Überwendlingsstich annähen und das Glas kurz vor dem Schließen mit Füllwatte stopfen.

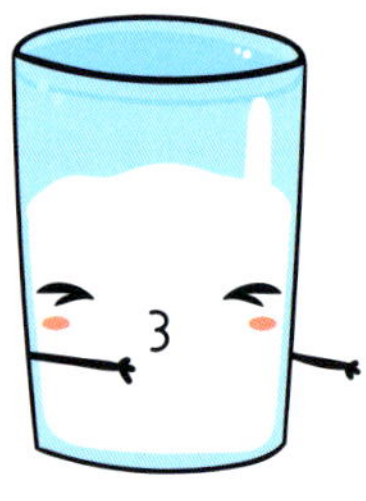

TOASTBROT

MATERIAL

- *Schachenmayr Catania (100 % Baumwolle, LL 125 m/50 g) in Sand (Fb 404), ca. 20 g, und in Fuchs (Fb 426), Orchidee (Fb 222) und Schwarz (Fb 110), je einen Rest*
- *Sicherheitsaugen, Ø 6 mm*
- *Häkelnadel 3,0 mm*
- *Füllwatte*
- *Wollnadel*

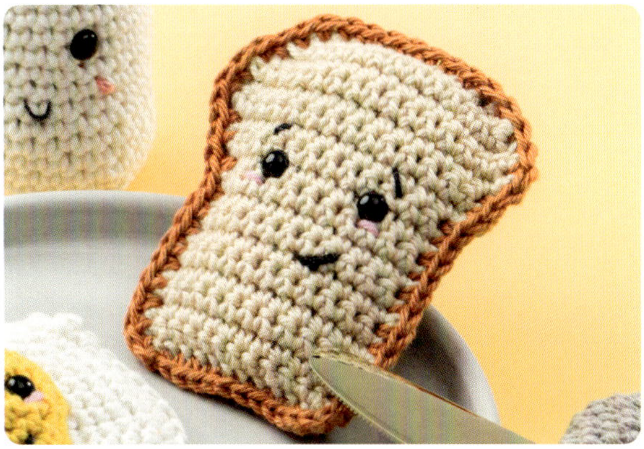

SO WIRD'S GEMACHT

Das Toastbrot besteht aus Vorder- und Rückseite, jeweils in R gehäkelt, die später zusammengehäkelt werden.

TOASTBROT (2X)

Für die Vorderseite in Sand eine Kette aus 13 Lm arbeiten. In R häkeln und die Arbeit nach jeder R wenden. In die 2. M vond er Nd aus einstechen und wie folgt häkeln:
1. R: 1 fM in jede M der Lm-Kette, 1 Wende-Lm (= 12 M).
2.–11. R: 1 fM in jede M der Vor-R, 1 Wende-Lm (= 12 M).
12. R: 11 fM, 1 M zun, 1 Wende-Lm (= 13 M).
13. R: 12 fM, 1 M zun, 1 Wende-Lm (= 14 M).
14. R: 13 fM, 1 M zun, 1 Wende-Lm (= 15 M).
15. R: 14 fM, 1 M zun, 1 Wende-Lm (= 16 M).
16. R: 1 fM in jede M der Vor-R (= 16 M).
17. R: 1 M überspringen, 1 fM in jede M derVor-R (= 15 M).
18. R: 1 M überspringen, 1 fM in jede M derVor-R (= 14 M).
19. R: 2 M überspringen, 1 fM in jede M derVor-R (= 12 M).
20. R: 2 M überspringen, 9 fM, 1 Km (= 10 M).
Den Faden auf der Rückseite vernähen.
Die Rückseite genauso arbeiten.

FERTIGSTELLEN

Zunächst das Gesicht auf der Vorderseite gestalten (siehe ab Seite 18). Dann die beiden Seiten in Fb Fuchs zusammenhäkeln. Dabei kurz vor dem Schließen mit Füllwatte ausstopfen. Beide Fadenenden vernähen.

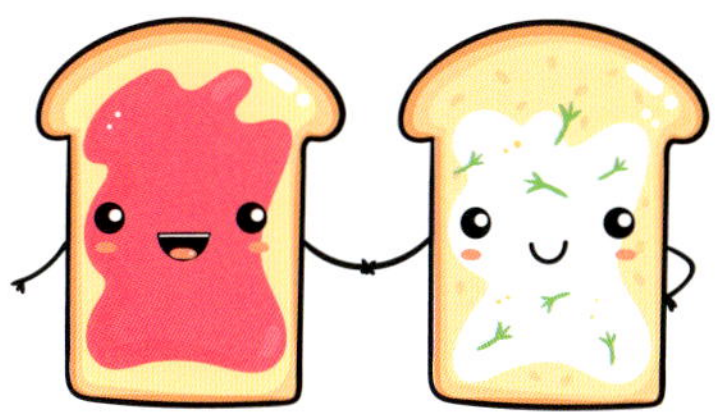

CROISSANT

MATERIAL

- *Schachenmayr Catania (100 % Baumwolle, LL 125 m/50 g) in Zimt (Fb 383), ca. 20 g, in Orchidee (Fb 222) und Schwarz (Fb 110), je einen Rest*
- *Sicherheitsaugen, Ø 6 mm*
- *Häkelnadel 3,0 mm*
- *Füllwatte*
- *Wollnadel*

SO WIRD'S GEMACHT

Der Grundkörper wird in Spiral-Rd gearbeitet, der spitz zulaufende Deckel wird in R gearbeitet und anschließend oben angenäht.

CROISSANT GRUNDKÖRPER

1. Rd: In Zimt 6 fM in einen Magic Ring häkeln (= 6 M).
2. Rd: * 1 fM, 1 M zun *, von * bis * noch 2x wdh (= 9 M).
3. Rd: * 2 fM, 1 M zun *, von * bis * noch 2x wdh (= 12 M).
4. und 5. Rd: 1 fM in jede M der Vor-Rd (= 12 M).
6. Rd: * 1 fM, 1 M zun *, von * bis * noch 5x wdh (= 18 M).
7. und 8. Rd: 1 fM in jede M der Vor-Rd (= 18 M).
9. Rd: * 2 fM, 1 M zun *, von * bis * noch 5x wdh (= 24 M).
10. Rd: 1 fM in jede M der Vor-Rd (= 24 M).
11. Rd: * 3 fM, 1 M zun *, von * bis * noch 5x wdh (= 30 M).
12.–19. Rd: 1 fM in jede M der Vor-Rd (= 30 M).
20. Rd: * 3 fM, 1 M abn *, von * bis * noch 5x wdh (= 24 M).
21. Rd: 1 fM in jede M der Vor-Rd (= 24 M).
22. Rd: * 2 fM, 1 M abn *, von * bis * noch 5x wdh (= 18 M).
23. und 24. Rd: 1 fM in jede M der Vor-Rd (= 18 M).
25. Rd: * 1 fM, 1 M abn *, von * bis * noch 5x wdh (= 12 M).
Mit Füllwatte stopfen.
26. und 27. Rd: 1 fM in jede M der Vor-Rd (= 12 M).
28. Rd: * 2 fM, 1 M abn *, von * bis * noch 2x wdh (= 9 M).
29. Rd: * 1 fM, 1 M abn *, von * bis * noch 5x wdh (= 6 M).
Nochmals mit Füllwatte nachstopfen. Den Faden abschneiden und mithilfe einer Woll-Nd durch alle 6 M fädeln. Anschließend die Öffnung zuziehen, den Faden sichern und im Inneren des Häkelstücks verstecken.

SPITZE

Für den Deckel in Zimt eine Kette aus 12 Lm arbeiten. In R arbeiten und die Arbeit nach jeder R wenden. In die 2. M von der Nd aus einstechen und wie folgt häkeln:
1. R (Hin-R): 1 fM in jede M der Lm-Kette, 1 Wende-Lm (= 11 M).
2.–17. R: 1 fM in jede M der Vor-R, 1 Wende-Lm (= 11 M).
18. R: 1 fM in jede M der Vor-R (= 11 M).
19. R: 1 M überspringen, 1 fM in jede M der Vor-R (= 10 M).
20. R: 1 M überspringen, 1 fM in jede M der Vor-R (= 9 M).
21. R: 1 M überspringen, 1 fM in jede M der Vor-R (= 8 M).
22. R: 1 M überspringen, 1 fM in jede M der Vor-R (= 7 M).
23. R: 1 M überspringen, 1 fM in jede M der Vor-R (= 6 M).
24. R: 1 M überspringen, 1 fM in jede M der Vor-R (= 5 M).
25. R: 1 M überspringen, 1 fM in jede M der Vor-R (= 4 M).
26. R: 1 M überspringen, 1 fM in jede M der Vor-R (= 3 M).
27. R: 1 M überspringen, 1 fM, 1 Km (= 2 M).
Den Faden auf der Rückseite vernähen.

FERTIGSTELLEN

Alle nun folgenden Näharbeiten werden mit einfachen Überwendlingsstichen (siehe Seite 18) gearbeitet und die Fadenenden sorgfältig vernäht. Zunächst das Gesicht auf der Spitze ausgestalten (siehe ab Seite 18). Dabei darauf achten, dass es später richtig herum sitzt. Dann die Spitze mittig auf dem Grundkörper feststecken, mit einem Faden in Zimt annähen und kurz vor dem Schließen leicht mit Füllwatte stopfen.

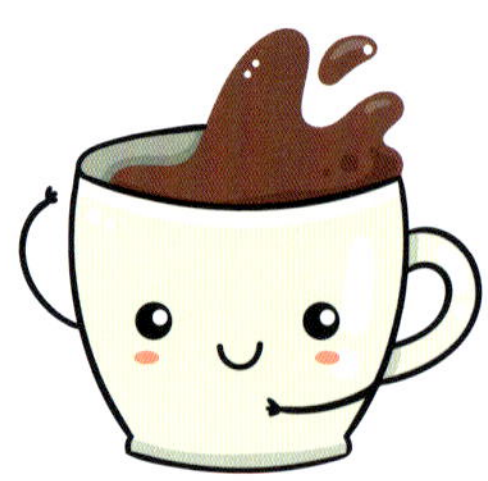

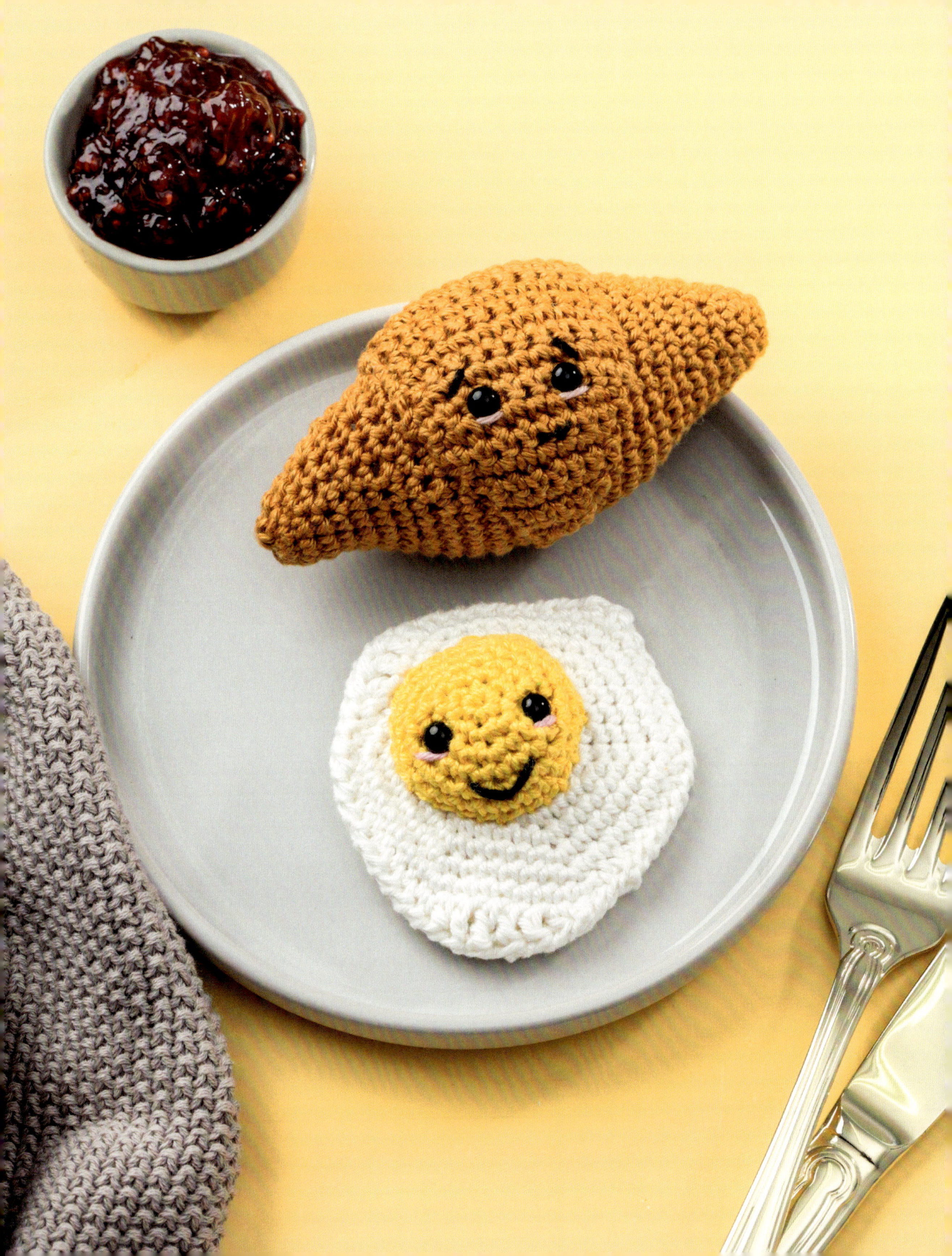

ZU HAUSE

LAMPE

MATERIAL

- *Schachenmayr Catania (100 % Baumwolle, LL 125 m/50 g) in Jade (Fb 253), Natur (Fb 105) und Graphit (Fb 393), je ca. 10 g, und in Schwarz (Fb 110), einen Rest*
- *Sicherheitsaugen, Ø 6 mm*
- *Häkelnadel 3,0 mm*
- *Füllwatte*
- *Wollnadel*

SO WIRD'S GEMACHT

Alle Teile werden in Spiral-Rd gearbeitet und anschließend zusammengenäht.

LAMPENSCHIRM

1. Rd: In Jade 6 fM in einen Magic Ring häkeln (= 6 M).
2. Rd: 6x 1 M zun (= 12 M).
3. Rd: * 1 fM, 1 M zun *, von * bis * noch 5x wdh (= 18 M).
4. Rd: * 2 fM, 1 M zun *, von * bis * noch 5x wdh (= 24 M).
5. Rd: 1 fM ihM jeder M der Vor-Rd (= 24 M).
6. Rd: * 3 fM, 1 M zun *, von * bis * noch 5x wdh (= 30 M).
7. und 8. Rd: 1 fM in jede M der Vor-Rd (= 30 M).
9. Rd: * 4 fM, 1 M zun *, von * bis * noch 5x wdh (= 36 M).
10. Rd: 1 fM in jede M der Vor-Rd (= 36 M).
Fb-Wechsel zu Natur.
11. und 12. Rd: 1 fM in jede M der Vor-Rd (= 36 M).
Den Faden abschneiden und vernähen.

STÄNDER

1. Rd: In Graphit 6 fM in einen Magic Ring (= 6 M).
2. Rd: * 1 fM, 1 M zun *, von * bis * noch 2x wdh (= 9 M).
3. Rd: 1 fM ihM jeder M der Vor-Rd (= 9 M).
4.–8. Rd: 1 fM in jede M der Vor-Rd (= 9 M).
9. Rd: 9x 1 M zun (= 18 M).
10. Rd: * 2 fM, 1 M zun *, von * bis * noch 5x wdh (= 24 M).
11. Rd: * 3 fM, 1 M zun *, von * bis * noch 5x wdh (= 30 M).
12. Rd: 1 fM in jede M der Vor-Rd (= 30 M).
Den Faden abschneiden und vernähen.

SCHIRMVERSCHLUSS

1. Rd: In Natur 6 fM in einen Magic Ring häkeln (= 6 M).
2. Rd: 6x 1 M zun (= 12 M).
3. Rd: * 1 fM, 1 M zun *, von * bis * noch 5x wdh (= 18 M).
4. Rd: * 2 fM, 1 M zun *, von * bis * noch 5x wdh (= 24 M).
5. Rd: * 3 fM, 1 M zun *, von * bis * noch 5x wdh (= 30 M).
6. Rd: * 4 fM, 1 M zun *, von * bis * noch 5x wdh (= 36 M).
Den Faden nicht abschneiden, sondern weiternutzen zum Zusammenhäkeln. Danach den Faden abschneiden und vernähen.

LAMPENFUSS

1. Rd: In Graphit 6 fM in einen Magic Ring häkeln (= 6 M).
2. Rd: 6x 1 M zun (= 12 M).
3. Rd: * 1 fM, 1 M zun *, von * bis * noch 5x wdh (= 18 M).
4. Rd: * 2 fM, 1 M zun *, von * bis * noch 5x wdh (= 24 M).
5. Rd: * 3 fM, 1 M zun *, von * bis * noch 5x wdh (= 30 M).
Den Faden nicht abschneiden, sondern weiternutzen zum Zusammenhäkeln. Danach den Faden abschneiden und vernähen.

FERTIGSTELLEN

Alle nun folgenden Näharbeiten werden mit einfachen Überwendlingsstichen (siehe Seite 18) gearbeitet und die Fadenenden sorgfältig vernäht. Zunächst das Gesicht ausgestalten (siehe ab Seite 18). Dann den Schirmverschluss mit dem unteren Rand des Lampenschirms zusammenhäkeln. Dabei den Schirm kurz vor dem Schließen mit Füllwatte stopfen. Den Ständer mit dem schmalen Teil mittig an den Schirmverschluss nähen und von unten fest mit Füllwatte stopfen. Nun den Lampenfuß mit dem Ständer ohne weiteres Stopfen zusammenhäkeln, den Faden abschneiden und vernähen.

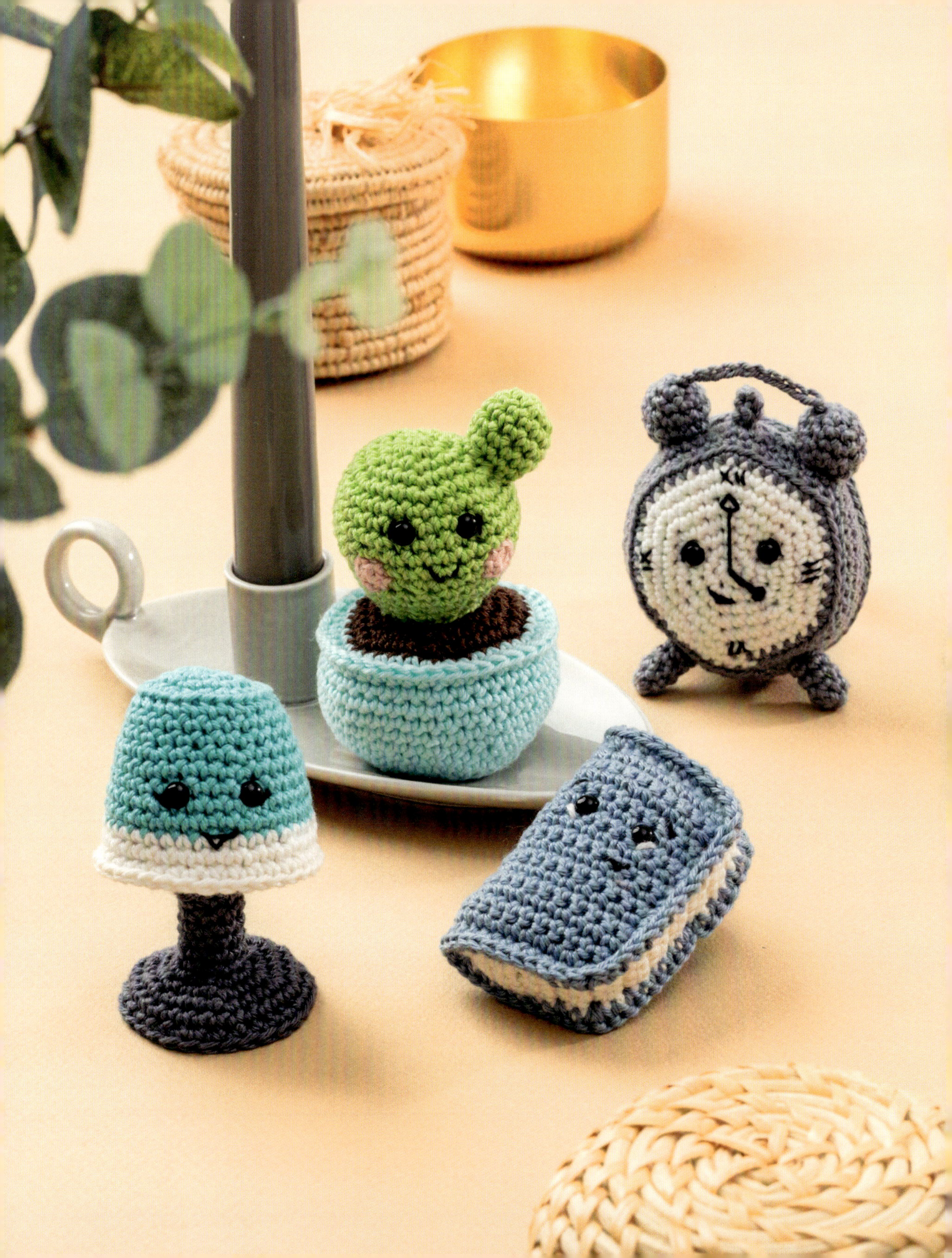

KAKTUS

MATERIAL

- *Schachenmayr Catania (100 % Baumwolle, LL 125 m/50 g) in Greenery (Fb 418) und Tiffany (Fb 432), je ca. 10 g, und in Kaffee (Fb 162), Altrosa (Fb 408) und Schwarz (Fb 110), je einen Rest*
- *Sicherheitsaugen, Ø 6 mm*
- *Häkelnadel 3,0 mm*
- *Füllwatte*
- *Wollnadel*

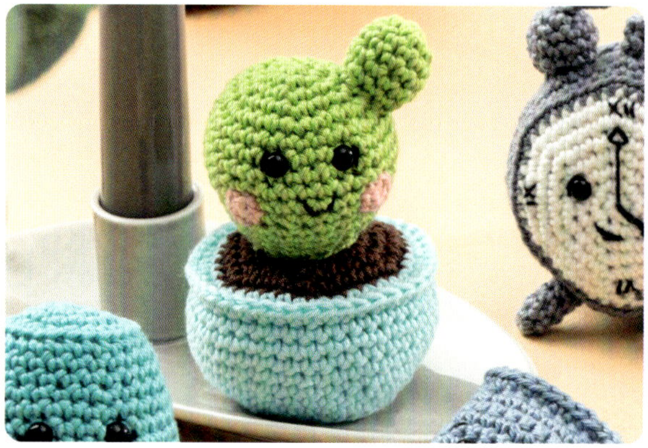

SO WIRD'S GEMACHT

Alle Teile in Spiral-Rd arbeiten und zusammennähen.

KAKTUS

1. Rd: In Greenery 6 fM in einen Magic Ring häkeln (= 6 M).
2. Rd: 6x 1 M zun (= 12 M).
3. Rd: * 1 fM, 1 M zun *, von * bis * noch 5x wdh (= 18 M).
4. Rd: * 2 fM, 1 M zun *, von * bis * noch 5x wdh (= 24 M).
5. Rd: * 3 fM, 1 M zun *, von * bis * noch 5x wdh (= 30 M).
6.–10. Rd: 1 fM in jede M der Vor-Rd (= 30 M).
11. Rd: * 3 fM, 1 M abn *, von * bis * noch 5x wdh (= 24 M).
12. und 13. Rd: 1 fM in jede M der Vor-Rd (= 24 M).
Den Faden zum Annähen ca. 30 cm lang abschneiden.

KAKTUSARM

1. Rd: In Greenery 6 fM in einen Magic Ring häkeln (= 6 M).
2. Rd: 6x 1 M zun (= 12 M).
3.–5. Rd: 1 fM in jede M der Vor-Rd (= 12 M).
6. Rd: * 2 fM, 1 M abn *, von * bis * noch 2x wdh (= 9 M).
Den Faden zum Annähen ca. 30 cm lang abschneiden.

BÄCKCHEN (2X)

In Altrosa 4 fM in einen Magic Ring häkeln (= 4 M).
Den Faden zum Annähen ca. 30 cm lang abschneiden.
Das zweite Bäckchen genauso arbeiten.

BLUMENTOPF

1. Rd: In Jade 6 fM in einen Magic Ring häkeln (= 6 M).
2. Rd: 6x 1 M zun (= 12 M).
3. Rd: * 1 fM, 1 M zun *, von * bis * noch 5x wdh (= 18 M).
4. Rd: * 2 fM, 1 M zun *, von * bis * noch 5x wdh (= 24 M).
5. Rd: * 3 fM, 1 M zun *, von * bis * noch 5x wdh (= 30 M).
6. Rd: * 4 fM, 1 M ihM zun *, von * bis * noch 5x wdh (= 36 M).
7. und 8. Rd: 1 fM in jede M der Vor-Rd (= 36 M).
9. Rd: * 5 fM, 1 M zun *, von * bis * noch 5x wdh (= 42 M).
10.–13. Rd: 1 fM in jede M der Vor-Rd (= 42 M).
Den Faden abschneiden und vernähen.

ERDE

1. Rd: In Kaffee 6 fM in einen Magic Ring häkeln (= 6 M).
2. Rd: 6x 1 M zun (= 12 M).
3. Rd: * 1 fM, 1 M zun *, von * bis * noch 5x wdh (= 18 M).
4. Rd: * 2 fM, 1 M zun *, von * bis * noch 5x wdh (= 24 M).
5. Rd: * 3 fM, 1 M zun *, von * bis * noch 5x wdh (= 30 M).
6. Rd: * 4 fM, 1 M zun *, von * bis * noch 5x wdh (= 36 M).
Fb-Wechsel zu Tiffany.
7. Rd: * 5 fM, 1 M zun *, von * bis * noch 5x wdh (= 42 M).
Den Faden nicht abschneiden, sondern zum Zusammenhäkeln nutzen, danach abschneiden und vernähen.

FERTIGSTELLEN

Alle Näharbeiten mit einfachen Überwendlingsstichen (siehe Seite 18) arbeiten und die Fadenenden sorgfältig vernähen. Das Gesicht gestalten (siehe ab Seite 18). Die Erde mit dem Topfrand zusammenhäkeln, kurz vor dem Schließen mit Füllwatte stopfen. Den Kaktus stopfen und mittig auf die Erde nähen. Oben seitlich an diesen den Kaktusarm nähen und kurz vor dem Schließen stopfen.

BUCH

MATERIAL

- *Schachenmayr Catania (100 % Baumwolle, LL 125 m/50 g) in Denim (Fb 421), ca. 20 g, in Crème (Fb 130), ca. 10 g, und in Schwarz (Fb 110), einen Rest*
- *Sicherheitsaugen, Ø 6 mm*
- *Häkelnadel 3,0 mm*
- *Füllwatte*
- *Wollnadel*
- *Stecknadeln*

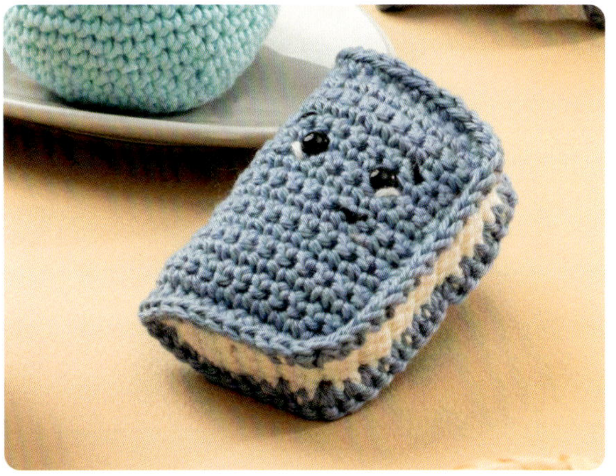

SO WIRD'S GEMACHT

Das Buch besteht aus einem großen Rechteck in R gehäkelt und einem schmalen Steg, ebenfalls aus R, als Buchseiten. Das Rechteck wird später in Buchform zusammengeklappt und mit dem Steg zusammengehäkelt.

BUCHDECKEL

Für den Buchdeckel in Denim eine Kette aus 25 Lm arbeiten. In R häkeln und die Arbeit nach jeder R wenden. In die 2. M von der Nd aus einstechen und wie folgt häkeln:
1. R: 1 fM in jede M der Lm-Kette, 1 Wende-Lm (= 24 M).
2.–16. R: 1 fM in jede M der Vor-R, 1 Wende-Lm (= 24 M).
Den Faden nicht abschneiden, sondern weiternutzen zum Zusammenhäkeln. Danach den Faden abschneiden und vernähen.

BUCHSEITEN

Für den Buchdeckel in Crème eine Kette aus 3 Lm arbeiten. In die 2. M von der Nd aus einstechen und wie folgt häkeln:
1. R: 1 fM, 1x 1M zun, 1 Wende-Lm (= 3 M).
2. R: 2 fM, 1x 1M zun, 1 Wende-Lm (= 4 M).
3.–29. R: 1 fM in jede M der Vor-R, 1 Wende-Lm (= 4 M).
30. R: ab 1 fM in jede M der Vor-R (= 4 M).
31. R: 3 fM (= 3 M).
32. R: 2 fM (= 2 M).
33. R: 1 Km (= 1 M).
Beide Fäden auf der Rückseite vernähen.

FERTIGSTELLEN

Zunächst das Gesicht auf der Vorderseite gestalten (siehe ab Seite 18). Dann die Buchseiten zwischen dem zusammengeklappten Buchdeckel mit Stecknadeln feststecken und mit dem Faden des Buchdeckels zusammenhäkeln. Dabei kurz vor dem Schließen mit so viel Füllwatte ausstopfen, dass das Buch zwar gefüllt, aber nicht zu rundlich wird. Alle Fadenenden vernähen.

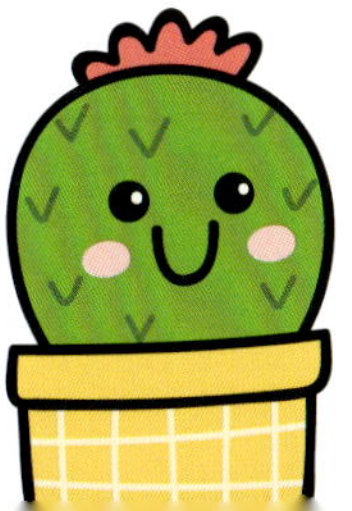

WECKER

MATERIAL

- *Schachenmayr Catania (100 % Baumwolle, LL 125 m/50 g) in Natur (Fb 105) und Stein (Fb 242), je ca. 20 g, und in Schwarz (Fb 110), einen Rest*
- *Sicherheitsaugen, Ø 6 mm*
- *Häkelnadel 3,0 mm*
- *Füllwatte*
- *Wollnadel*

SO WIRD'S GEMACHT

Alle Teile werden einzeln in Spiral-Rd gearbeitet und anschließend zusammengenäht. Ziffern und Zeiger werden aufgestickt.

ZIFFERNBLATT & RAND

1. Rd: In Natur 6 fM in einen Magic Ring häkeln (= 6 M).
2. Rd: 6x 1 M zun (= 12 M).
3. Rd: * 1 fM, 1 M zun *, von * bis * noch 5x wdh (= 18 M).
4. Rd: * 2 fM, 1 M zun *, von * bis * noch 5x wdh (= 24 M).
5. Rd: * 3 fM, 1 M zun *, von * bis * noch 5x wdh (= 30 M).
6. Rd: * 4 fM, 1 M zun *, von * bis * noch 5x wdh (= 36 M).
7. Rd: * 5 fM, 1 M zun *, von * bis * noch 5x wdh (= 42 M).
Fb-Wechsel zu Stein.
8. Rd: * 6 fM, 1 M zun *, von * bis * noch 5x wdh (= 48 M).
9. Rd: 1 fM ihM jeder M der Vor-Rd (= 48 M).
10.–13. Rd: 1 fM in jede M der Vor-Rd (= 48 M).
Den Faden abschneiden und vernähen.

FÜSSE (2X)

1. Rd: In Stein 6 fM in einen Magic Ring häkeln (= 6 M).
2.–4. Rd: 1 fM in jede M der Vor-Rd (= 6 M).
Den Faden zum Annähen ca. 30 cm lang abschneiden.
Den zweiten Fuß genauso arbeiten.

GLOCKEN (2X)

1. Rd: In Stein 6 fM in einen Magic Ring häkeln (= 6 M).
2. Rd: 6x 1 M zun (= 12 M).
3. und 4. Rd: 1 fM in jede M der Vor-Rd (= 12 M).
5. Rd: 6x 1 M abn (= 6 M).
Den Faden zum Annähen ca. 30 cm lang abschneiden.
Die zweite Glocke genauso arbeiten.

SCHLÄGEL

1. Rd: In Stein 4 fM in einen Magic Ring häkeln (= 4 M).
2. Rd: 1 fM in jede M der Vor-Rd (= 4 M).
Den Faden zum Annähen ca. 30 cm lang abschneiden.

WECKERRÜCKSEITE

1. Rd: In Stein 6 fM in einen Magic Ring häkeln (= 6 M).
2. Rd: 6x 1 M zun (= 12 M).
3. Rd: * 1 fM, 1 M zun *, von * bis * noch 5x wdh (= 18 M).
4. Rd: * 2 fM, 1 M zun *, von * bis * noch 5x wdh (= 24 M).
5. Rd: * 3 fM, 1 M zun *, von * bis * noch 5x wdh (= 30 M).
6. Rd: * 4 fM, 1 M zun *, von * bis * noch 5x wdh (= 36 M).
7. Rd: * 5 fM, 1 M zun *, von * bis * noch 5x wdh (= 42 M).
8. Rd: * 6 fM, 1 M zun *, von * bis * noch 5x wdh (= 48 M).
Den Faden nicht abschneiden, sondern weiternutzen zum Zusammenhäkeln. Danach den Faden abschneiden und vernähen.

FERTIGSTELLEN

Alle nun folgenden Näharbeiten werden mit einfachen Überwendlingsstichen (siehe Seite 18) gearbeitet und die Fadenenden sorgfältig vernäht. Zunächst die Vorderseite mit Gesicht und aufgesticktem Ziffernblatt ausgestalten (siehe ab Seite 18). Dann die Rückseite mit dem Rand der Vorderseite zusammenhäkeln. Dabei kurz vor dem Schließen mit Füllwatte ausstopfen, allerdings nicht zu viel, da der Wecker sonst zu bauchig wird. Danach die Füße leicht ausstopfen und unten jeweils seitlich leicht nach außen gedreht festnähen. Anschließend die Glocken ebenfalls leicht ausstopfen und oben jeweils seitlich annähen. Den Schlägel mittig zwischen den Glocken festnähen. Zum Schluss den Bügel mit einer Kette aus 12 Lm arbeiten. Dazu die Luftmaschenkette direkt an den oberen Teil der Innenseite einer Glocke häkeln, hinüber zur anderen Glocke arbeiten und den Bügel mithilfe einer Km mit der zweiten Glocke verbinden. Beide Fadenenden vernähen

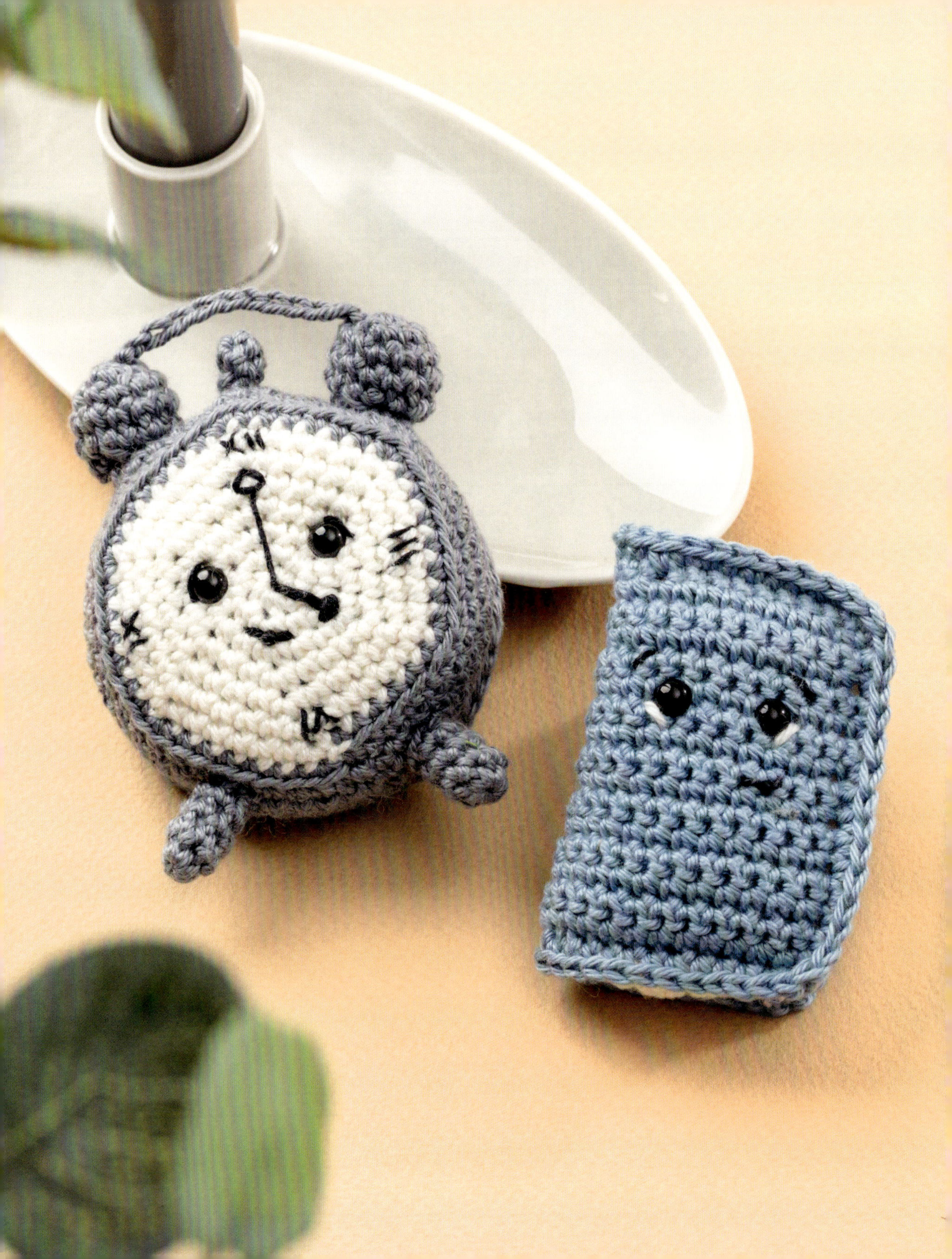

UNTERWEGS

AMPEL

MATERIAL

- *Scheepjes Catona (100 % Baumwolle, LL 125 m/50 g) in Metal Grey (Fb 242) und in Jet Black (Fb 110), je ca. 10 g, und in Yellow Gold (Fb 208), Rosewood (Fb 258), Sage Green (Fb 212) und Snow White (Fb 106), je einen Rest*
- *Sicherheitsaugen, Ø 5 mm*
- *Häkelnadel 3,0 mm*
- *Füllwatte*
- *Wollnadel*

SO WIRD'S GEMACHT

Alle Teile werden einzeln in Spiral-Rd gearbeitet und anschließend zusammengenäht.

AMPEL

1. Rd: In Metal Grey 6 fM in einen Magic Ring häkeln (= 6 M).
2. Rd: 6x 1 M zun (= 12 M).
3. Rd: * 1 fM, 1 M zun *, von * bis * noch 5x wdh (= 18 M).
4. Rd: * 2 fM, 1 M zun *, von * bis * noch 5x wdh (= 24 M).
5.–10. Rd: 1 fM in jede M der Vor-Rd (= 24 M).
Gesicht gestalten (siehe ab Seite 18).
11.–25. Rd: 1 fM in jede M der Vor-Rd (= 24 M).
Mit Füllwatte ausstopfen.
26. Rd: 12x 1 M abn (= 12 M).
Fb-Wechsel zu Schwarz.
27. Rd: 1 fM in jede M der Vor-Rd (= 12 M).
28. Rd: 1 fM ivM jeder M der Vor-Rd (= 12 M).
29. und 30. Rd: 1 fM in jede M der Vor-Rd (= 12 M).
31. Rd: 12x 1 M zun (= 24 M).
32. Rd: * 3 fM, 1 M zun *, von * bis * noch 5x wdh (= 30 M).
33. Rd: * 4 fM, 1 M zun *, von * bis * noch 5x wdh (= 36 M).
Den Faden abschneiden und auf der Rückseite vernähen.

LICHTER (3X)

1. Rd: In Rosewood 6 fM in einen Magic Ring häklen (= 6 M).
2. Rd: 6x 1 M zun (= 12 M).
3.–5. Rd: 1 fM in jede M der Vor-Rd (= 12 M).
Den Faden zum Annähen ca. 20 cm lang abschneiden. Die anderen beiden Lichter jeweils in Yellow Gold und Sage Green genauso arbeiten.

SOCKEL

1. Rd: In Jet Black 6 fM in einen Magic Ring häkeln (= 6 M).
2. Rd: 6x 1 M zun (= 12 M).
3. Rd: * 1 fM, 1 M zun *, von * bis * noch 5x wdh (= 18 M).
4. Rd: * 2 fM, 1 M zun *, von * bis * noch 5x wdh (= 24 M).
5. Rd: * 3 fM, 1 M zun *, von * bis * noch 5x wdh (= 30 M).
6. Rd: * 4 fM, 1 M zun *, von * bis * noch 5x wdh (= 36 M).
Den Faden nicht abschneiden, sondern weiternutzen zum Zusammenhäkeln. Danach den Faden abschneiden und vernähen.

FERTIGSTELLEN

Alle nun folgenden Näharbeiten werden mit einfachen Überwendlingsstichen (siehe Seite 18) gearbeitet und die Fadenenden sorgfältig vernäht. Zunächst den Sockel mit dem unteren Rand der Ampel zusammenhäkeln, den Faden abschneiden und vernähen. Danach die Lichter in der richtigen Reihenfolge auf der Ampel annähen.

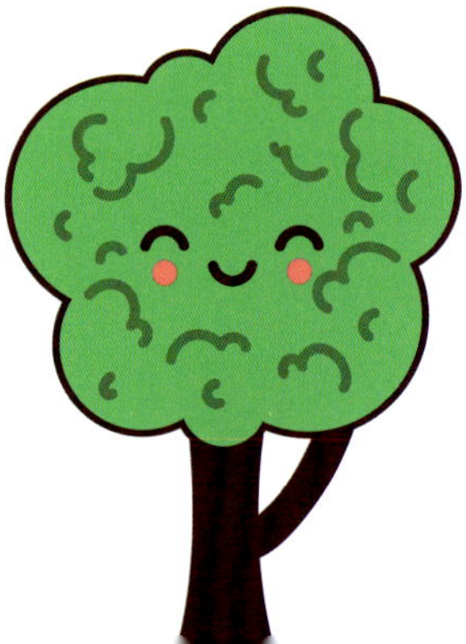

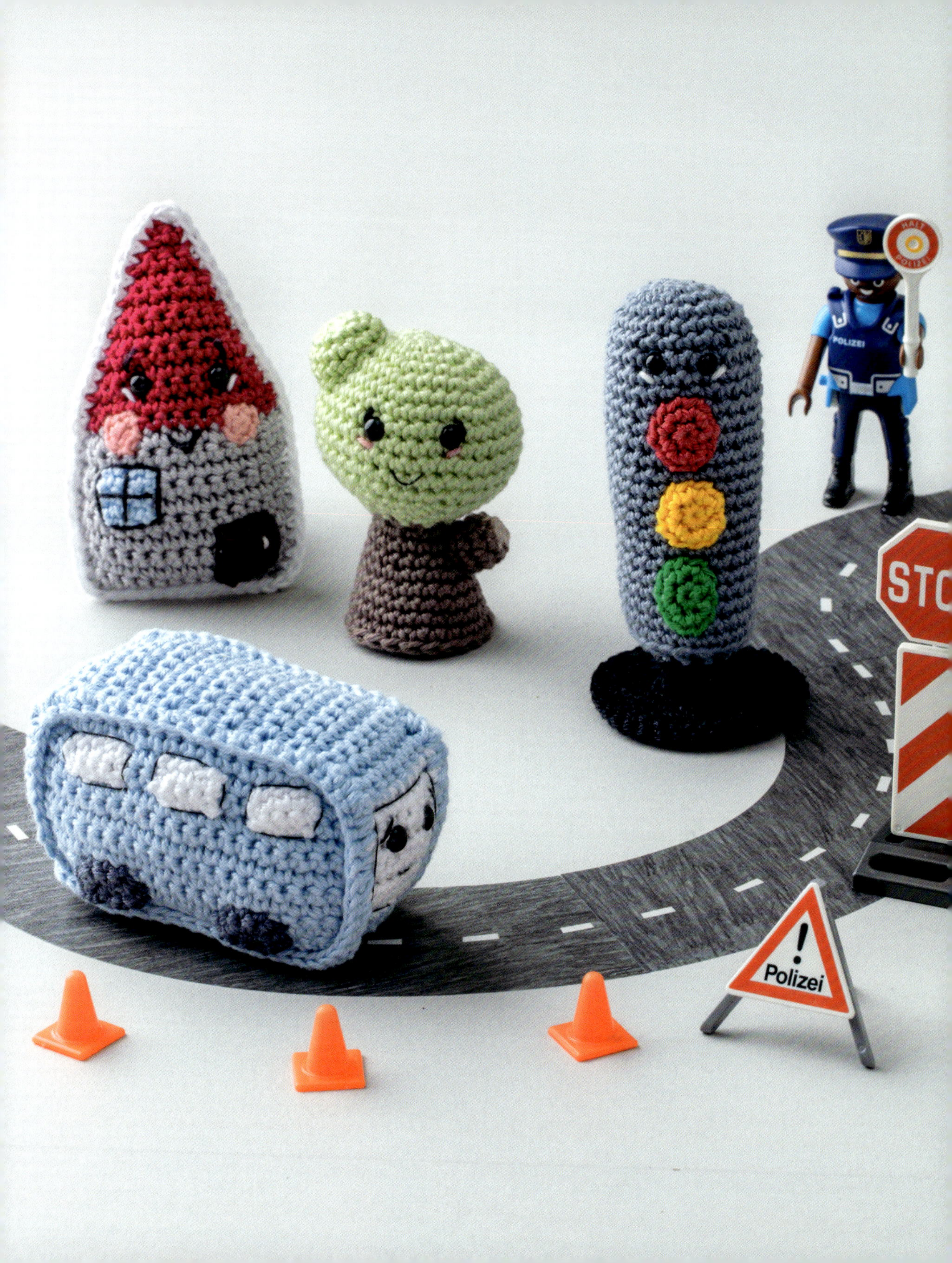
POLIZEI
Polizei

BAUM

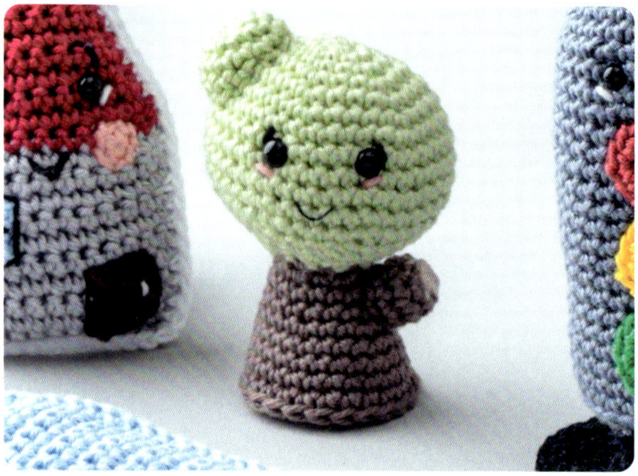

MATERIAL

- *Scheepjes Catona (100 % Baumwolle, LL 125 m/50 g) in Lime Juice (Fb 392) und in Chocolate (Fb 507), je ca. 10 g, und in Antique Mauve (Fb 257), Old Rose (Fb 408) und Jet Black (Fb 110), je einen Rest*
- *Sicherheitsaugen, Ø 6 mm*
- *Häkelnadel 3,0 mm*
- *Füllwatte*
- *Wollnadel*

SO WIRD'S GEMACHT

Alle Teile werden einzeln in Spiral-Rd gearbeitet und anschließend zusammengenäht.

BAUMKRONE & STAMM

1. Rd: In Lime Juice 6 fM in einen Magic Ring häkeln (= 6 M).
2. Rd: 6x 1 M zun (= 12 M).
3. Rd: * 1 fM, 1 M zun *, von * bis * noch 5x wdh (= 18 M).
4. Rd: * 2 fM, 1 M zun *, von * bis * noch 5x wdh (= 24 M).
5. Rd: * 3 fM, 1 M zun *, von * bis * noch 5x wdh (= 30 M).
6. Rd: * 4 fM, 1 M zun *, von * bis * noch 5x wdh (= 36 M).
7.–11. Rd: 1 fM in jede M der Vor-Rd (= 36 M).
12. Rd: * 4 fM, 1 M abn *, von * bis * noch 5x wdh (= 30 M).
13. Rd: * 3 fM, 1 M abn *, von * bis * noch 5x wdh (= 24 M).
14. Rd: * 2 fM, 1 M abn *, von * bis * noch 5x wdh (= 18 M).
Gesicht gestalten (siehe ab Seite 18) und die Krone mit Füllwatte ausstopfen.
15. Rd: * 1 fM, 1 M abn *, von * bis * noch 5x wdh (= 12 M).
Fb-Wechsel zu Chocolate.
16. Rd: * 1 fM, 1 M zun *, von * bis * noch 5x wdh (= 18 M).
17. und 18. Rd: 1 fM in jede M der Vor-Rd (= 18 M).
19. Rd: * 2 fM, 1 M zun *, von * bis * noch 5x wdh (= 24 M).
20.–22. Rd: 1 fM in jede M der Vor-Rd (= 24 M).
Den Faden abschneiden und auf der Rückseite vernähen.

AST

1. Rd: In Antique Mauve 6 fM in einen Magic Ring häkeln (= 6 M).
Fb-Wechsel zu Chocolate.
2. Rd: * 1 fM, 1 M ihM zun *, von * bis * noch 2x wdh (= 9 M).
3. und 4. Rd: 1 fM in jede M der Vor-Rd (= 9 M).
Den Faden zum Annähen ca. 30 cm lang abschneiden.

BLÄTTER

1. Rd: In Lime Juice 6 fM in einen Magic Ring häkeln (= 6 M).
2. Rd: 6x 1 M zun (= 12 M).
3. und 4. Rd: 1 fM in jede M der Vor-Rd (= 12 M).
Den Faden zum Annähen ca. 30 cm lang abschneiden.

BODEN

1. Rd: In Chocolate 6 fM in einen Magic Ring häkeln (= 6 M).
2. Rd: 6x 1 M zun (= 12 M).
3. Rd: * 1 fM, 1 M zun *, von * bis * noch 5x wdh (= 18 M).
4. Rd: * 2 fM, 1 M zun *, von * bis * noch 5x wdh (= 24 M).
Den Faden nicht abschneiden, sondern weiternutzen zum Zusammenhäkeln. Danach den Faden abschneiden und vernähen.

FERTIGSTELLEN

Alle Näharbeiten werden mit einfachen Überwendlingsstichen (siehe Seite 18) gearbeitet und die Fadenenden sorgfältig vernäht. Den Ast seitlich an den Stamm nähen, den Boden mit dem offenen Rand des Stamms zusammenhäkeln (siehe Seite 17) und die Blätter auf der Krone festnähen, dabei Stamm, Ast und Blätter jeweils kurz vor dem Schließen mit Füllwatte stopfen.

BUS

MATERIAL

- *Scheepjes Catona (100 % Baumwolle, LL 125 m/50 g) in Bluebell (Fb 173), ca. 20 g, in Snow White (Fb 106), ca. 10 g, und in Charcoal (Fb 393) und Jet Black (Fb 110), je einen Rest*
- *Sicherheitsaugen, Ø 6 mm*
- *Häkelnadel 3,0 mm*
- *Füllwatte*
- *Wollnadel*
- *Stecknadeln*

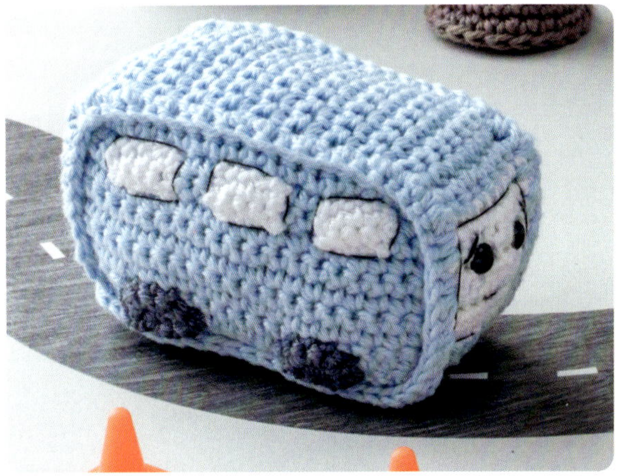

SO WIRD'S GEMACHT

Die Seiten werden in R gehäkelt und mit einem breiten Steg zusammengehäkelt. Details werden aufgenäht.

SEITENTEILE (2X)

Für das erste Seitenteil in Bluebell eine Kette aus 21 Lm arbeiten. In R häkeln und nach jeder R die Arbeit wenden. In die 2. M von der Nd aus einstechen und wie folgt häkeln:
1. R: 1 fM in jede M der LM-Kette, 1 Wende-Lm (= 20 M).
2.–10. R: 1 fM in jede M der Vor-R (= 20 M).
11. R: 19 fM, 1 Km (= 20 M).
Den Faden abschneiden und auf der Rückseite vernähen.
Die zweite Seite genauso arbeiten.

MITTELSTEG

Für den Steg in Bluebell eine Kette aus 9 Lm arbeiten. In R häkeln und nach jeder R die Arbeit wenden. In die 2. M von der Nd aus einstechen und wie folgt häkeln:
1. R: 1 fM in jede M der Lm-Kette, 1 Wende-Lm (= 8 M).
2.–30. R: 1 fM in jede M der Vor-R, 1 Wende-Lm (= 8 M).
Fb-Wechsel zu Snow White.
31.–37. R: 1 fM in jede M der Vor-R, 1 Wende-Lm (= 8 M).
Fb-Wechsel zu Bluebell.
38.–56. R: 1 fM in jede M der Vor-R, 1 Wende-Lm (= 8 M).
57. R: 7 fM, 1 Km (= 8 M).
Den Faden nicht abschneiden, sondern zum Zusammenhäkeln nutzen. Dann abschneiden und vernähen.

SEITENFENSTER (6X)

Für die Fenster in Snow White eine Kette aus 5 Lm arbeiten. In R häkeln und nach jeder R die Arbeit wenden. In die 2. M von der Nd aus einstechen und wie folgt häkeln:
1. R: 1 fM in jede M der Lm-Kette, 1 Wende-Lm (= 4 M).
2. R: 1 fM in jede M der Vor-R (= 4 M).
Den Faden zum Annähen ca. 30 cm lang abschneiden.
Die anderen Fenster genauso arbeiten.

RÄDER (4X)

1. R: In Charcoal 4 fM in einen Magic Ring häkeln, 1 Wende-Lm (= 4 M).
Den Magic Ring zuziehen, die Arbeit wenden.
2. R: 4x 1 M zun (= 8 M).
Den Faden zum Annähen ca. 30 cm lang abschneiden.
Die anderen Räder genauso arbeiten.

FERTIGSTELLEN

Alle Näharbeiten werden mit einfachen Überwendlingsstichen (siehe Seite 18) gearbeitet und die Fadenenden vernäht. Das Gesicht auf dem weißen Teil des Mittelstegs gestalten (siehe ab Seite 18). Darauf achten, dass das Gesicht später richtig herum sitzt. Danach den Mittelsteg an den Seitenteilen feststecken und zusammenhäkeln. Kurz vor dem Schließen mit Füllwatte stopfen. Fenster und Räder in gleichmäßigem Abstand am Bus festnähen. Umrandungen aus ausgedünntem, schwarzem Garn um Fenster und Frontscheibe sticken.

HAUS

MATERIAL

- *Scheepjes Catona (100 % Baumwolle, LL 125 m/50 g) in Mercury (Fb 074) und Scarlet (Fb 192), je ca. 10 g, und in Bluebell (Fb 173), Black Coffee (Fb 162), Old Rose (Fb 408), Jet Black (Fb 110) und Snow White (Fb 106), je einen Rest*
- *Sicherheitsaugen, Ø 6 mm*
- *Häkelnadel 3,0 mm*
- *Füllwatte*
- *Wollnadel*

SO WIRD'S GEMACHT

Das Haus besteht aus Vorder- und Rückseite, jeweils in R gehäkelt, die später zusammengehäkelt werden. Gesicht und Details werden nur auf der Vorderseite ausgestaltet.

HAUS (2X)

Für die Vorderseite in Mercury eine Kette aus 15 Lm arbeiten. In R häkeln und nach jeder R die Arbeit wenden. In die 2. M von der Nd aus einstechen und wie folgt häkeln:
1. R: 1 fM in jede M der Lm-Kette, 1 Wende-Lm (= 14 M).
2.–11. R: 1 fM in jede M der Vor-R, 1 Wende-Lm (= 14 M).
Fb-Wechsel zu Scarlet.
12. R: 1 M überspringen, 1 fM in jede M der Vor-R (= 13 M).
13. R: 12 fM (= 12 M).
14. R: 11 fM (= 11 M).
15. R: 10 fM (= 10 M).
16. R: 9 fM (= 9 M).
17. R: 8 fM (= 8 M).
18. R: 7 fM (= 7 M).
19. R: 6 fM (= 6 M).
20. R: 5 fM (= 5 M).
21. R: 4 fM (= 4 M).
22. R: 3 fM (= 3 M).
23. R: 2 fM (= 2 M).
24. R: 1 Km (= 1 M).
Den Faden auf der Rückseite vernähen.
Die Rückseite genauso arbeiten.

FENSTER

Für das Fenster eine Kette aus 4 Lm in Bluebell arbeiten. In R häkeln und nach jeder R die Arbeit wenden. In die 2. M von der Nd aus einstechen und wie folgt häkeln:
1. R (Hin-R): 1 fM in jede M der Lm-Kette, 1 Wende-Lm (= 3 M).
2. R (Rück-R): 1 fM in jede M der Vor-R, 1 Wende-Lm (= 3 M).
3. R (Hin-R): 2 fM, 1 Km (= 3 M).
Den Faden zum Annähen ca. 30 cm lang abschneiden.
Den Anfangsfaden abschneiden und vernähen.

TÜR

Für die Tür eine Kette aus 4 Lm in Black Coffee arbeiten. In R häkeln und nach jeder R die Arbeit wenden. In die 2. M von der Nd aus einstechen und wie folgt häkeln:
1. R: 1 fM in jede M der Lm-Kette, 1 Wende-Lm (= 3 M).
2. R: 1 fM in jede M der Vor-R, 1 Wende-Lm (= 3 M).
3. R: 1 fM in jede M der Lm-Kette, 1 Wende-Lm (= 3 M).
4. R: 2 fM, 1 Km (= 3 M).
Den Faden zum Annähen ca. 30 cm lang abschneiden.
Den Anfangsfaden abschneiden und vernähen.

BÄCKCHEN (2X)

1. Rd: In Old Rose 4 fM in einen Magic Ring häkeln (= 4 M).
Den Faden zum Annähen ca. 30 cm lang abschneiden.
Das zweite Bäckchen genauso arbeiten.

FERTIGSTELLEN

Alle nun folgenden Näharbeiten werden mit einfachen Überwendlingsstichen (siehe Seite 18) gearbeitet und die Fadenenden sorgfältig vernäht. Zunächst das Gesicht auf der Vorderseite gestalten (siehe ab Seite 18) und Fenster und Tür aufnähen. Dabei bei beiden Umrandungen mit ausgedünntem, halbiertem Garn in Schwarz aufsticken, um sie optisch hervorzuheben. Dann die beiden Hausseiten mit Weiß zusammenhäkeln (siehe Seite 17) und kurz vor dem Schließen etwas mit Füllwatte stopfen. Die Fadenenden vernähen.

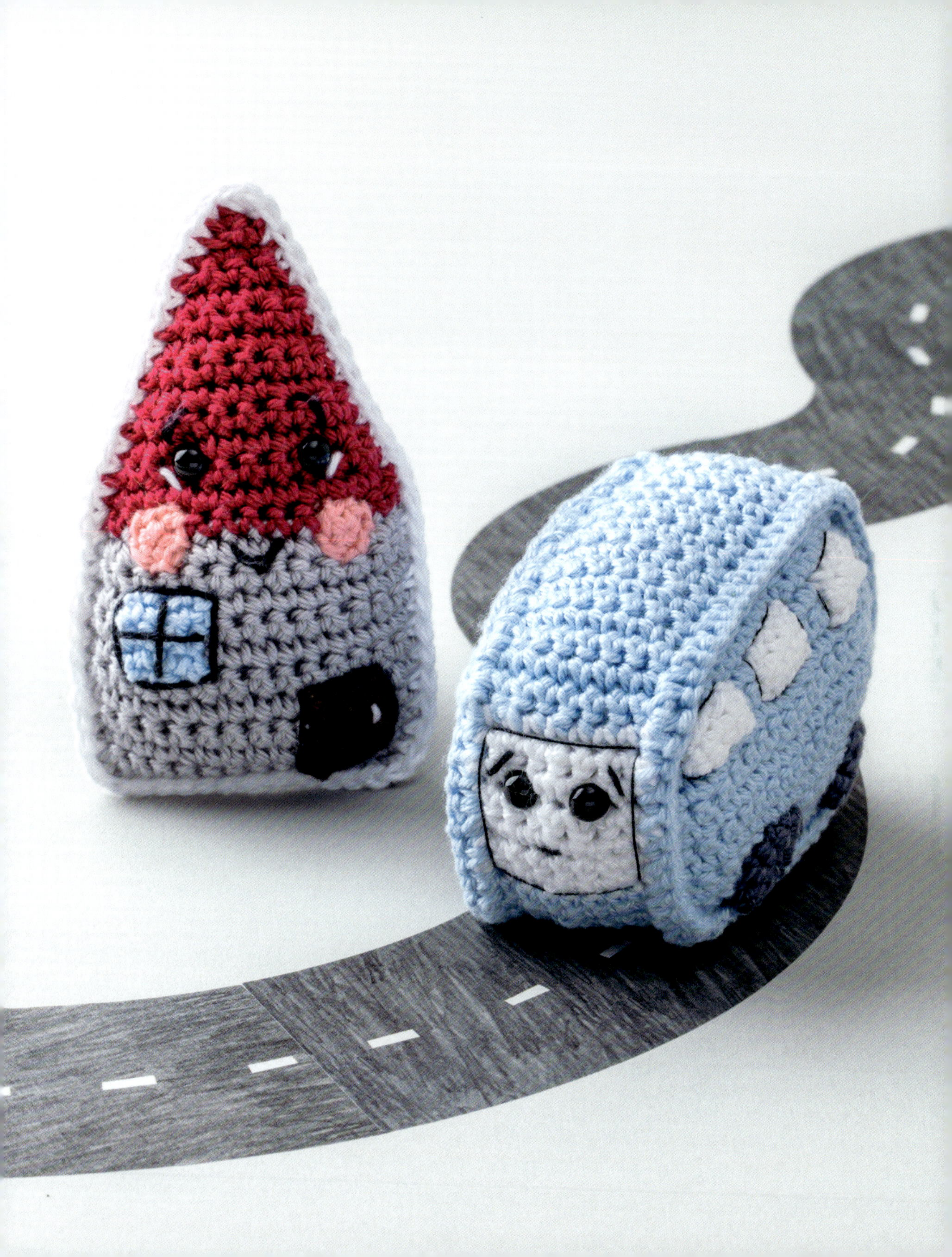

IM CAFÉ

DONUT

MATERIAL

- *Scheepjes Catona (100 % Baumwolle, LL 125 m/50 g) in Camel (Fb 106) und Powder Pink (Fb 238), je ca. 10 g, und in Ruby (Fb 517), Tulip (Fb 222) und Jet Black (Fb 110), je einen Rest*
- *Sicherheitsaugen, Ø 6 mm*
- *Häkelnadel 3,0 mm*
- *Füllwatte*
- *Wollnadel*

SO WIRD'S GEMACHT

Donut und Glasur beginnen jeweils mit einem Ring aus Lm, in den um die Lm herum fM gearbeitet werden. Danach werden beide Teile in Spiral-Rd weitergearbeitet und die Glasur hinterher auf den Donut genäht.

DONUT

Für den Donut eine Kette aus 12 Lm in Camel arbeiten und mit 1 Km zu einem Ring schließen.
1. Rd: 12 fM in den Ring häkeln (= 12 M).
2. und 3. Rd: 1 fM in jede M der Vor-Rd (= 12 M).
4. Rd: * 1 fM, 1 M zun *, von * bis * noch 5x wdh (= 18 M).
5. Rd: * 2 fM, 1 M zun *, von * bis * noch 5x wdh (= 24 M).
6. Rd: * 3 fM, 1 M zun *, von * bis * noch 5x wdh (= 30 M).
7. Rd: * 4 fM, 1 M zun *, von * bis * noch 5x wdh (= 36 M).
8. Rd: * 5 fM, 1 M zun *, von * bis * noch 5x wdh (= 42 M).
Das Loch in der Mitte nach innen stülpen.
9.–12. Rd: 1 fM in jede M der Vor-Rd (= 42 M).
13. Rd: * 5 fM, 1 M abn *, von * bis * noch 5x wdh (= 36 M).
14. Rd: * 4 fM, 1 M abn *, von * bis * noch 5x wdh (= 30 M).
15. Rd: * 3 fM, 1 M abn *, von * bis * noch 5x wdh (= 24 M).
16. Rd: 1 fM ihM jeder M der Vor-Rd (= 24 M).
Gesicht gestalten (siehe ab Seite 18).
17. Rd: 12x 1 M abn (= 12 M).
Den Faden zum Zusammennähen ca. 40 cm lang abschneiden. Den Anfangsfaden vernähen. Den Donut gleichmäßig mit Füllwatte ausstopfen und die 12 M der letzten Rd mit dem Anfangsring zusammennähen.
Bei Bedarf kurz vor dem Schließen noch weiter stopfen.

GLASUR

Für die Glasur eine Kette aus 12 Lm in Powder Pink arbeiten und mit 1 Km zu einem Ring schließen.
1. Rd: 12 fM in den Ring häkeln (= 12 M).
2. Rd: * 1 fM, 1 M zun *, von * bis * noch 5x wdh (= 18 M).
3. Rd: * 2 fM, 1 M zun *, von * bis * noch 5x wdh (= 24 M).
4. Rd: * 3 fM, 1 M zun *, von * bis * noch 5x wdh (= 30 M).
5. Rd: * 4 fM, 1 M zun *, von * bis * noch 5x wdh (= 36 M).
6. Rd: * 5 fM, 1 M zun *, von * bis * noch 5x wdh (= 42 M).
7. Rd: 4 fM, (1 fM, 1 hStb, 1 Stb, 1 hStb in 1 fM), 11 fM, (1 fM, 1 hStb, 1 fM in 1 fM), 11 fM, (1 fM, 1 hStb, 1 Stb, 1 hStb in 1 fM), 12 fM, 1 Km (= 50 M).
Den Faden nicht abschneiden, sondern zum Annähen verwenden. Danach abschneiden und vernähen.

FERTIGSTELLEN

Alle nun folgenden Näharbeiten werden mit einfachen Überwendlingsstichen gearbeitet und die Fadenenden sorgfältig vernäht. Zunächst die Streusel in Ruby mit kleinen Stichen unregelmäßig auf die Glasur sticken. Danach die Glasur auf dem Donut annähen.

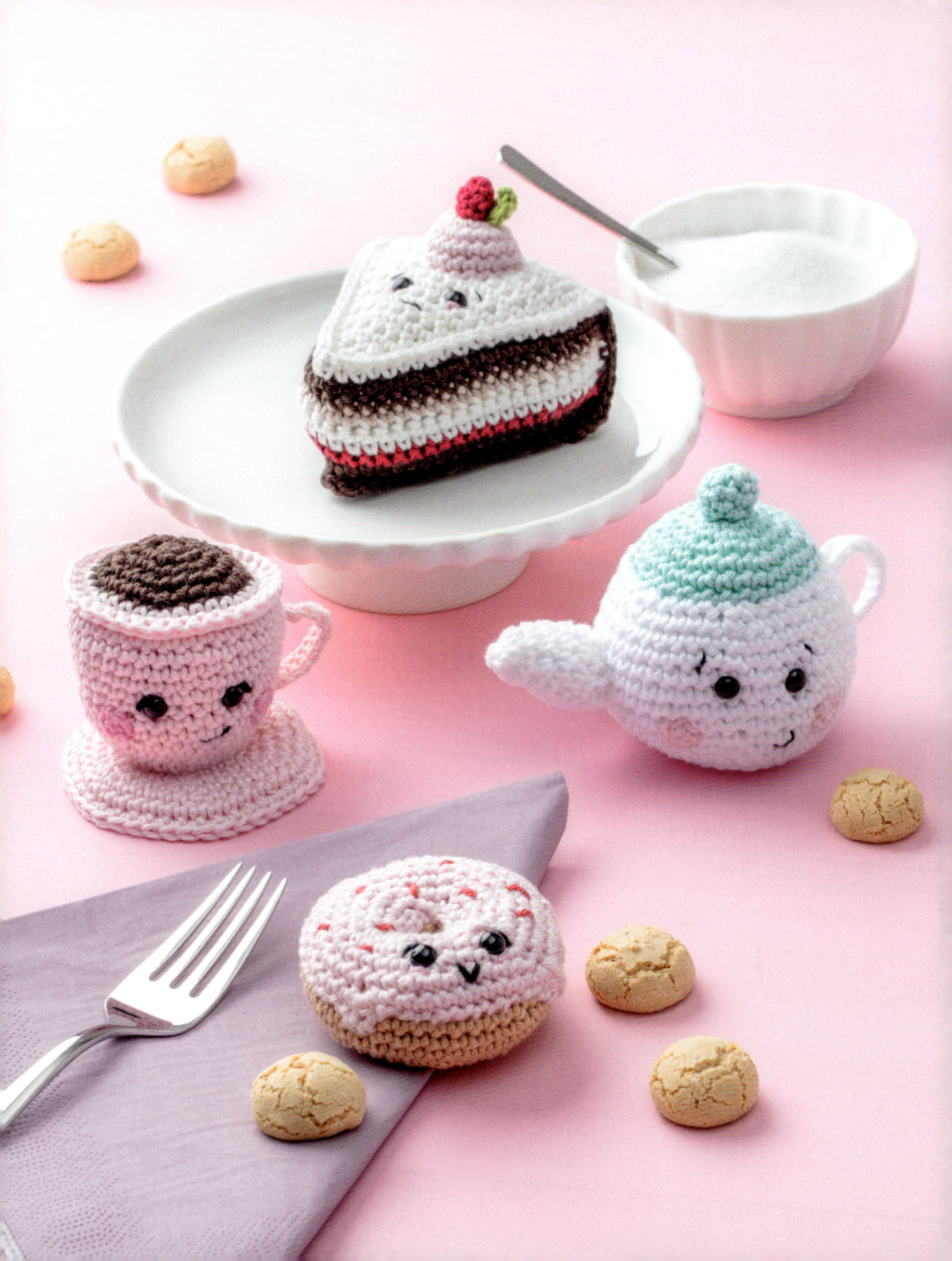

TEEKANNE

MATERIAL

- *Scheepjes Catona (100 % Baumwolle, LL 125 m/50 g) in Snow White (Fb 106), ca. 20 g, in Chrystalline (Fb 385), ca. 10 g, und in Powder Pink (Fb 238) und Jet Black (Fb 110), je einen Rest*
- *Sicherheitsaugen, Ø 6 mm*
- *Häkelnadel 3,0 mm*
- *Füllwatte*
- *Wollnadel*

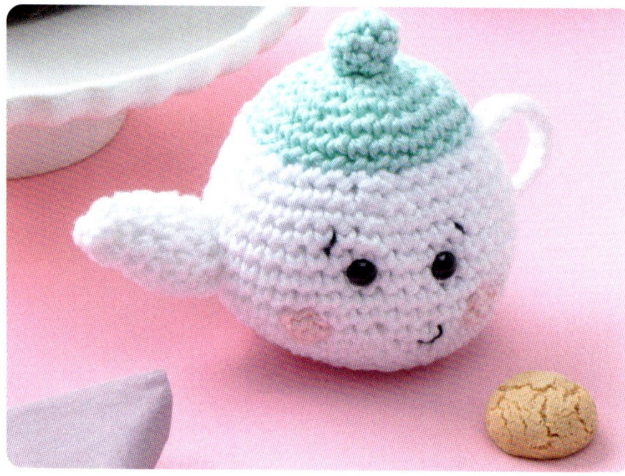

SO WIRD'S GEMACHT

Alle Teile werden einzeln in Spiral-Rd gearbeitet und anschließend zusammengenäht.

KANNE

1. Rd: In Snow White 6 fM in einen Magic Ring häkeln (= 6 M).
2. Rd: 6x 1 M zun (= 12 M).
3. Rd: * 1 fM, 1 M zun *, von * bis * noch 5x wdh (= 18 M).
4. Rd: * 2 fM, 1 M zun *, von * bis * noch 5x wdh (= 24 M).
5. Rd: * 3 fM, 1 M zun *, von * bis * noch 5x wdh (= 30 M).
6. Rd: 1 fM ihM jeder M der Vor-Rd (= 30 M).
7. Rd: * 4 fM, 1 M zun *, von * bis * noch 5x wdh (= 36 M).
8. und 9. Rd: 1 fM in jede M der Vor-Rd (= 36 M).
10. Rd: * 5 fM, 1 M zun *, von * bis * noch 5x wdh (= 42 M).
11.–15. Rd: 1 fM in jede M der Vor-Rd (= 42 M).
16. Rd: * 5 fM, 1 M abn *, von * bis * noch 5x wdh (= 36 M).
17. Rd: * 4 fM, 1 M abn *, von * bis * noch 5x wdh (= 30 M).
18. Rd: * 3 fM, 1 M abn *, von * bis * noch 5x wdh (= 24 M).
19. Rd: 1 fM ihM jeder M der Vor-Rd (= 24 M).
Gesicht gestalten (siehe ab Seite 18) und die Kanne mit Füllwatte ausstopfen.
20. Rd: * 1 fM, 1 M abn *, von * bis * noch 11x wdh (= 12 M).
21. Rd: 6x 1 M abn (= 6 M).
Den Faden abschneiden und mithilfe einer Woll-Nd durch alle 6 M fädeln. Anschließend die Öffnung zuziehen, den Faden sichern und im Inneren des Häkelstücks verstecken.

AUSGUSS

1. Rd: In Snow White 6 fM in einen Magic Ring häkeln (= 6 M).
2. Rd: 6x 1 M zun (= 12 M).
3. Rd: 1 fM ihM jeder M der Vor-Rd (= 12 M).
4. und 5. Rd: 1 fM in jede M der Vor-Rd (= 12 M).
6. Rd: * 2 fM, 1 M abn *, von * bis * noch 2x wdh (= 9 M).
7. und 8. Rd: 1 fM in jede M der Vor-Rd (= 9 M).
Den Faden abschneiden und mithilfe einer Woll-Nd durch alle 6 M fädeln. Anschließend die Öffnung zuziehen, den Faden sichern und im Inneren des Häkelstücks verstecken.

BÄCKCHEN (2X)

1. Rd: In Old Rose 4 fM in einen Magic Ring häkeln (= 4 M).
Den Faden zum Annähen ca. 30 cm lang abschneiden.
Das zweite Bäckchen genauso arbeiten.

HENKEL

Für den Henkel eine Kette aus 13 Lm in Snow White arbeiten. In die 2. M von der Nd aus einstechen und wie folgt häkeln:
1. R (Hin-R): 1 fM in jede M der Lm-Kette (= 12 M).
Den Faden zum Annähen ca. 30 cm lang abschneiden.
Den Anfangsfaden abschneiden und vernähen.

KANNENDECKEL

1. Rd: In Chrystalline 6 fM in einen Magic Ring häkeln (= 6 M).
2. Rd: 6x 1 M zun (= 12 M).
3. Rd: * 1 fM, 1 M zun *, von * bis * noch 5x wdh (= 18 M).
4. Rd: * 2 fM, 1 M zun *, von * bis * noch 5x wdh (= 24 M).
5. Rd: * 3 fM, 1 M zun *, von * bis * noch 5x wdh (= 30 M).
6. Rd: 1 fM in jede M der Vor-Rd (= 30 M).
Den Faden zum Annähen ca. 40 cm abschneiden.

DECKELKNOPF

1. Rd: In Chrystalline 6 fM in einen Magic Ring häkeln (= 6 M).
2. Rd: * 1 fM, 1 M zun *, von * bis * noch 2x wdh (= 9 M).
3. Rd: 1 fM in jede M der Vor-Rd (= 9 M).
4. Rd: * 1 fM, 1 M abn *, von * bis * noch 2x wdh (= 6 M).
Mit Füllwatte stopfen.
Den Faden zum Annähen ca. 30 cm abschneiden und mithilfe einer Woll-Nd durch alle 6 M fädeln. Anschließend die Öffnung zuziehen, den Faden sichern und im Inneren des Häkelstücks verstecken.

FERTIGSTELLEN

Alle nun folgenden Näharbeiten werden mit einfachen Überwendlingsstichen gearbeitet und die Fadenenden sorgfältig vernäht. Zunächst den Deckelknopf leicht ausstopfen und mittig auf den Deckel nähen. Dann den Deckel auf die Kanne nähen, dabei den Deckel kurz vor dem Schließen mit Füllwatte stopfen. Nun den Ausguss links vom Gesicht auf mittlerer Höhe leicht schräg annähen. Dabei wieder kurz vor dem Schließen stopfen. Auf der gegenüberliegenden Seite den Henkel annähen.

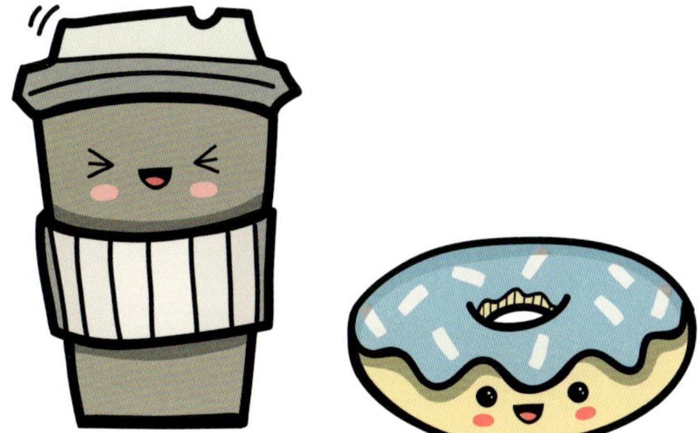

TORTE

MATERIAL

- *Scheepjes Catona (100 % Baumwolle, LL 125 m/50 g) in Bridal White (Fb 105), ca. 20 g, in Black Coffee (Fb 162), ca. 10 g, und in Antique Mauve (Fb 257), Ruby (Fb 517), Powder Pink (Fb 238), Kiwi (Fb 205) und Jet Black (Fb 110), je einen Rest*
- *Sicherheitsaugen, Ø 6 mm*
- *Häkelnadel 3,0 mm*
- *Füllwatte*
- *Wollnadel*
- *Stecknadeln*

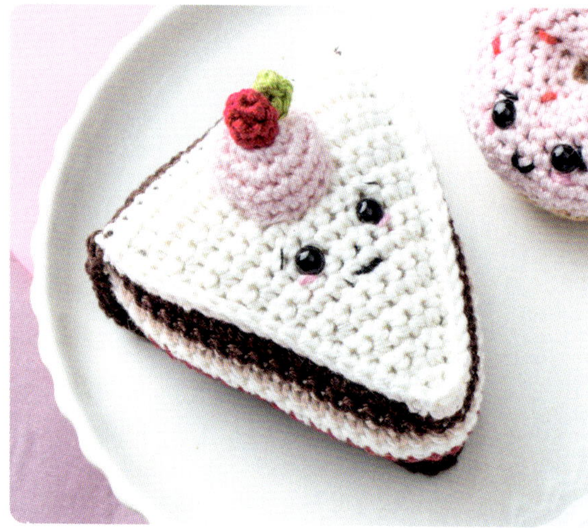

SO WIRD'S GEMACHT

Das Tortenstück besteht aus zwei Teilen: der Unter- und Oberseite, in einem Stück in Reihen gehäkelt, und den Tortenschichten, die später als Steg mit Ober- und Unterseite zusammengehäkelt werden.

UNTER-/OBERSEITE

Für die Unterseite in Black Coffee eine Kette aus 2 Lm arbeiten. In R häkeln und am Ende jeder R die Arbeit wenden. In die 2. M von der Nd aus einstechen und wie folgt häkeln:
1. R: 1 M zun, 1 Wende-Lm (= 2 M).
2. R: 1 fM, 1 M zun, 1 Wende-Lm (= 3 M).
3. R: 2 fM, 1 M zun, 1 Wende-Lm (= 4 M).
4. R: 3 fM, 1 M zun, 1 Wende-Lm (= 5 M).
5. R: 4 fM, 1 M zun, 1 Wende-Lm (= 6 M).
6. R: 5 fM, 1 M zun, 1 Wende-Lm (= 7 M).
7. R: 6 fM, 1 M zun, 1 Wende-Lm (= 8 M).
8. R: 7 fM, 1 M zun, 1 Wende-Lm (= 9 M).
9. R: 8 fM, 1 M zun, 1 Wende-Lm (= 10 M).
10. R: 9 fM, 1 M zun, 1 Wende-Lm (= 11 M).
11. R: 10 fM, 1 M zun, 1 Wende-Lm (= 12 M).
12. R: 11 fM, 1 M zun, 1 Wende-Lm (= 13 M).
13. R: 12 fM, 1 M zun, 1 Wende-Lm (= 14 M).
14. R: 13 fM, 1 M zun, 1 Wende-Lm (= 15 M).
15. R: 14 fM, 1 M zun, 1 Wende-Lm (= 16 M).
16.–23. R: 1 fM in jede M der Vor-R, 1 Wende-Lm (= 16 M).
Fb-Wechsel zu Bridal White für die Oberseite.
24. und 25. R: 1 fM in jede M der Vor-R, 1 Wende-Lm (= 16 M).
26. R: 1 fM ihM jeder M der Vor-R, 1 Wende-Lm (= 16 M).
27.–29. R: 1 fM in jede M der Vor-R, 1 Wende-Lm (= 16 M).
30. R: 1 fM in jede M der Vor-R (= 16 M).
31. R: 1 M überspringen, 1 fM in jede M der Vor-R (= 15 M).
32. R: 1 M überspringen, 1 fM in jede M der Vor-R (= 14 M).
33. R: 1 M überspringen, 1 fM in jede M der Vor-R (= 13 M).
34. R: 1 M überspringen, 1 fM in jede M der Vor-R (= 12 M).
35. R: 1 M überspringen, 1 fM in jede M der Vor-R (= 11 M).
36. R: 1 M überspringen, 1 fM in jede M der Vor-R (= 10 M).
37. R: 1 M überspringen, 1 fM in jede M der Vor-R (= 9 M).
38. R: 1 M überspringen, 1 fM in jede M der Vor-R (= 8 M).
39. R: 1 M überspringen, 1 fM in jede M der Vor-R (= 7 M).
40. R: 1 M überspringen, 1 fM in jede M der Vor-R (= 6 M).
41. R: 1 M überspringen, 1 fM in jede M der Vor-R (= 5 M).
42. R: 1 M überspringen, 1 fM in jede M der Vor-R (= 4 M).
43. R: 1 M überspringen, 1 fM in jede M der Vor-R (= 3 M).
44. R: 1 M überspringen, 1 fM (= 2 M).
Den Faden auf der Rückseite vernähen.

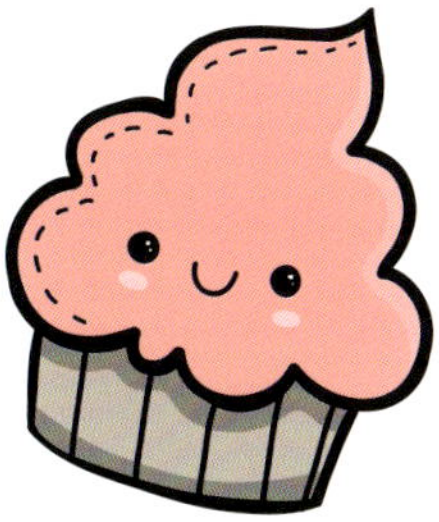

FERTIGSTELLEN

Alle nun folgenden Näharbeiten werden mit einfachen Überwendlingsstichen gearbeitet und die Fadenenden sorgfältig vernäht. Zunächst das Gesicht im Tassenkörper ausgestalten (siehe ab Seite 18). Dann den „Kaffee“ mit dem oberen Rand der Tasse zusammenhäkeln (siehe Seite 17), dabei die Tasse kurz vor dem Schließen stopfen. Nun die Tasse mittig auf dem Boden festnähen.

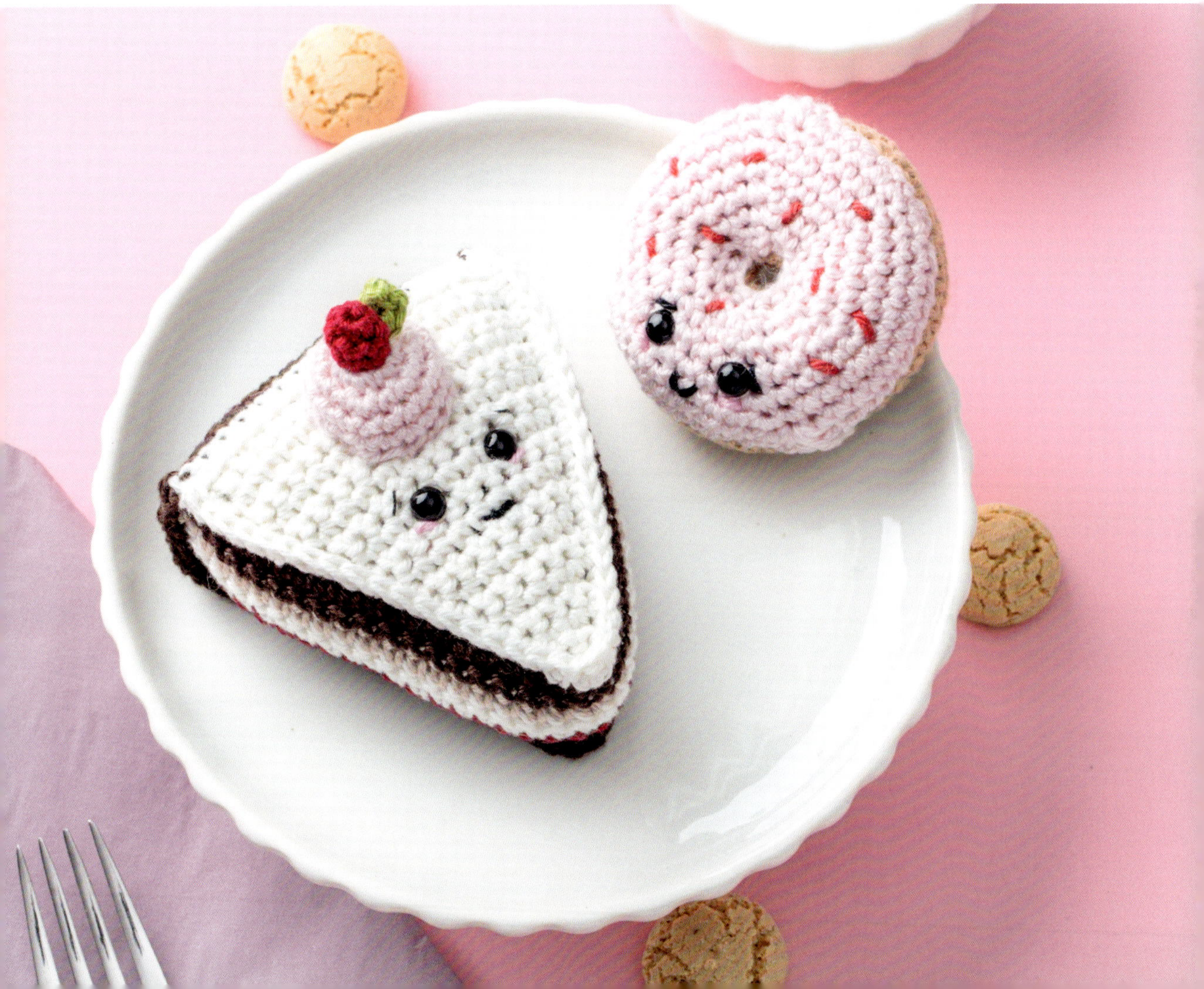

IM GARTEN

RAUPE

MATERIAL

- *Woll Butt Camilla (100 % Baumwolle, LL 125 m/50 g) in Mocca, Karamell, Kiwi und Hellgrün, je ca. 10 g, und in Weiß und Schwarz, je einen Rest*
- *Sicherheitsaugen, Ø 5 mm*
- *Häkelnadel 2,5 mm*
- *Füllwatte*
- *Wollnadel*

SO WIRD'S GEMACHT

Der Körper wird in Spiral-Rd gearbeitet, beginnend mit dem Kopf. Die Fühler sind Lm-Ketten und der Loop wird mit hStb gehäkelt.

KÖRPER

1. Rd: In Weiß 6 fM in einen Magic Ring häkeln (= 6 M).
2. Rd: 6x 1 M zun (= 12 M).
3. Rd: * 1 fM, 1 M zun *, von * bis * noch 5x wdh (= 18 M).
4. Rd: * 2 fM, 1 M zun *, von * bis * noch 5x wdh (= 24 M).
Fb-Wechsel zu Karamell.
5. Rd: * 3 fM, 1 M zun *, von * bis * noch 5x wdh (= 30 M).
6.–9. Rd: 1 fM in jede M der Vor-Rd (= 30 M).
10. Rd: * 3 fM, 1 M abn *, von * bis * noch 5x wdh (= 24 M).
Gesicht gestalten (siehe ab Seite 18).
11. Rd: * 2 fM, 1 M abn *, von * bis * noch 5x wdh (= 18 M).
Mit Füllwatte ausstopfen.
12. Rd: * 1 fM, 1 M abn *, von * bis * noch 5x wdh (= 12 M).
Fb-Wechsel zu Hellgrün.
13. Rd: 12x 1 M zun (= 24 M).
14. Rd: * 3 fM, 1 M zun *, von * bis * noch 5x wdh (= 30 M).
15. und 16. Rd: 1 fM in jede M der Vor-Rd (= 30 M).
Fb-Wechsel zu Kiwi.
17.–19. Rd: 1 fM in jede M der Vor-Rd (= 30 M).
Fb-Wechsel zu Hellgrün.
20. Rd: 1 fM in jede M der Vor-Rd (= 30 M).
21. Rd: * 3 fM, 1 M abn *, von * bis * noch 5x wdh (= 24 M).
22. Rd: 1 fM in jede M der Vor-Rd (= 24 M).
Fb-Wechsel zu Kiwi.
23. Rd: 1 fM in jede M der Vor-Rd (= 24 M).
24. Rd: * 2 fM, 1 M abn *, von * bis * noch 5x wdh (= 18 M).
25. Rd: 1 fM in jede M der Vor-Rd (= 18 M).
Fb-Wechsel zu Hellgrün.
26. Rd: * 1 fM, 1 M abn *, von * bis * noch 5x wdh (= 12 M).
27. und 28. Rd: 1 fM in jede M der Vor-Rd (= 12 M).
Fb-Wechsel zu Kiwi.
29. Rd: 1 fM in jede M der Vor-Rd (= 12 M).
Mit Füllwatte ausstopfen.
30. Rd: * 2 fM, 1 M abn *, von * bis * noch 2x wdh (= 9 M).
31. Rd: * 1 fM, 1 M abn *, von * bis * noch 2x wdh (= 6 M).
Den Faden abschneiden und mithilfe einer Woll-Nd durch alle 6 M fädeln. Bei Bedarf nochmals Füllwatte nachstopfen. Anschließend die Öffnung zuziehen, den Faden sichern und im Inneren des Häkelstücks verstecken.

LOOP

Für den Loop eine Kette aus 5 Lm in Mocca arbeiten. In R häkeln und nach jeder R die Arbeit wenden. In die 2. M von der Nd aus einstechen und wie folgt häkeln:
1. R: 3 hStb in jede M der Lm-Kette, 1 Wende-Lm (= 4 M).
2.–18. R: 3 hStb in jede M der Vor-R, 1 Wende-Lm (= 4 M).
Den Faden zum Zusammennähen ca. 30 cm lang abschneiden. Den Anfangsfaden vernähen.

FERTIGSTELLEN

Den Loop um den Hals der Raupe legen und an den schmalen Seiten zusammennähen. Den Faden vernähen. Zum Schluss die Fühler auf Höhe der 5. Rd als Ketten mit je 3 Lm direkt an den Kopf häkeln. Den Faden jeweils durch die Ketten zurückziehen, vernähen und im Inneren des Kopfs verstecken.

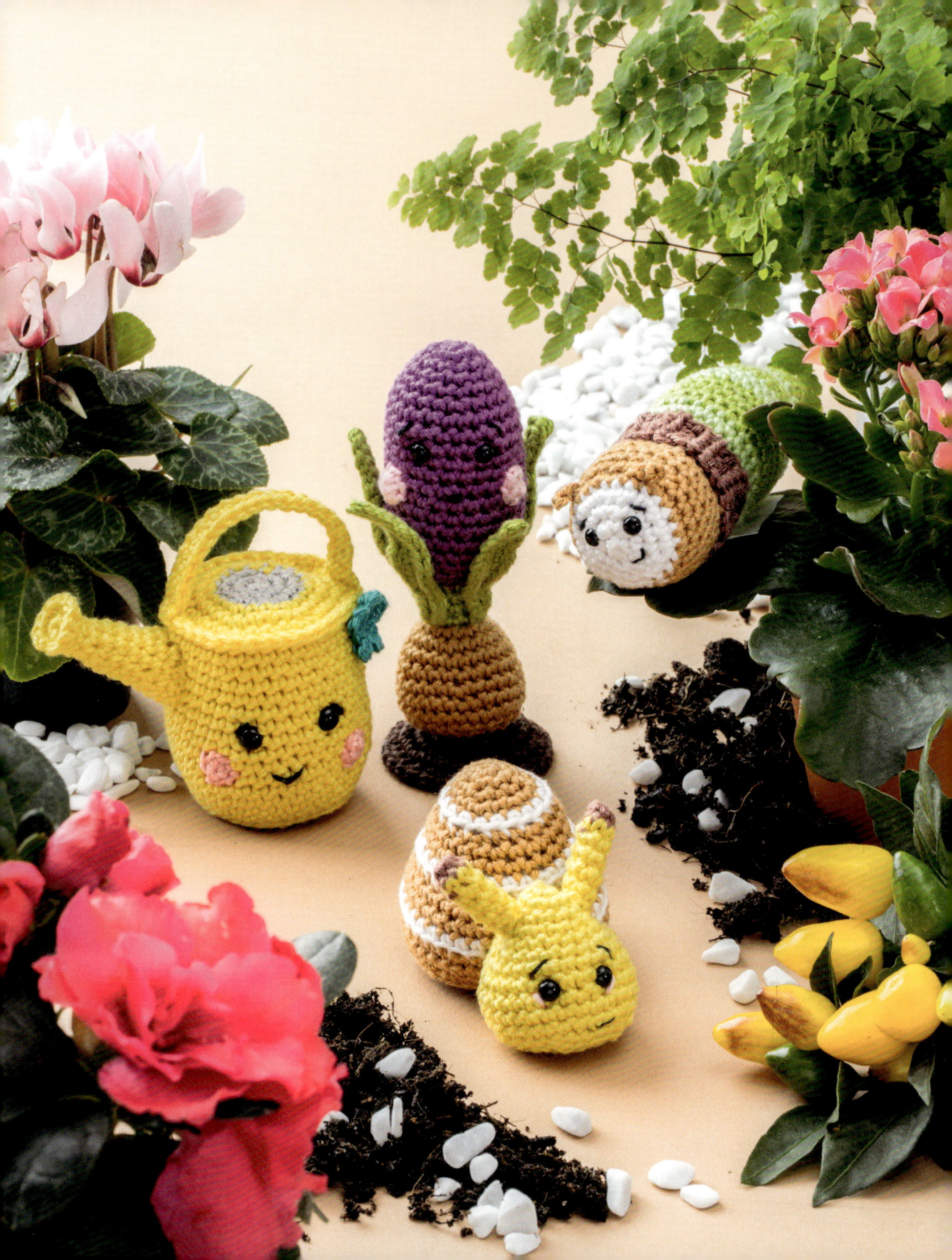

BLUME

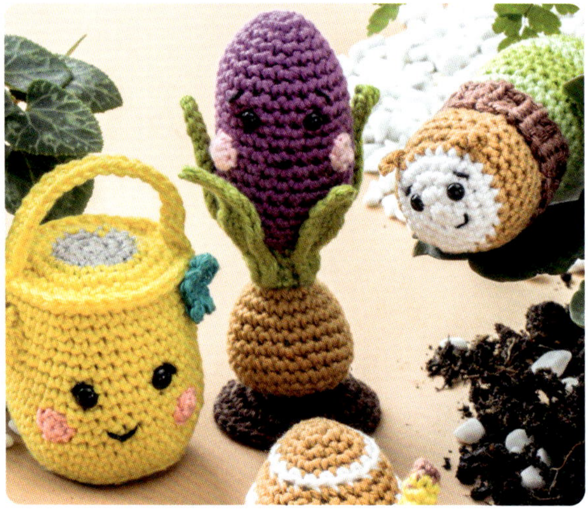

MATERIAL

- *Woll Butt Camilla (100 % Baumwolle, LL 125 m/50 g) in Lila, Karamell, Kiwi und Schoko, je ca. 10 g, und in Rosa und Schwarz, je einen Rest*
- *Sicherheitsaugen, Ø 5 mm*
- *Häkelnadel 2,5 mm*
- *Füllwatte*
- *Wollnadel*

SO WIRD'S GEMACHT

Blume, Zwiebel und Boden werden in einem Stück von oben nach unten in Spiral-Rd gearbeitet. Die Blätter sind Lm-Ketten mit Km, fM und hStb, die später angenäht werden.

BLUME

1. Rd: In Lila 6 fM in einen Magic Ring häkeln (= 6 M).
2. Rd: 6x 1 M zun (= 12 M).
3. Rd: 1 fM in jede M der Vor-Rd (= 12 M).
4. Rd: * 1 fM, 1 M zun *, von * bis * noch 5x wdh (= 18 M).
5. Rd: 1 fM in jede M der Vor-Rd (= 18 M).
6. Rd: * 2 fM, 1 M zun *, von * bis * noch 5x wdh (= 24 M).
7.–17. Rd: 1 fM in jede M der Vor-Rd (= 24 M).
18. Rd: * 2 fM, 1 M abn *, von * bis * noch 5x wdh (= 18 M).
Gesicht gestalten (siehe ab Seite 18) und die Blume mit Füllwatte ausstopfen.
19. Rd: * 1 fM, 1 M abn *, von * bis * noch 5x wdh (= 12 M).
20. Rd: * 2 fM, 1 M abn *, von * bis * noch 2x wdh (= 9 M).
Fb-Wechsel zu Kiwi.
21.–24. Rd: 1 fM in jede M der Vor-Rd (= 9 M).
Fb-Wechsel zu Karamell.
25. Rd: 9x 1 M zun (= 18 M).
26. Rd: * 2 fM, 1 M zun *, von * bis * noch 5x wdh (= 24 M).
27.–28. Rd: 1 fM in jede M der Vor-Rd (= 24 M).
29. Rd: * 3 fM, 1 M zun *, von * bis * noch 5x wdh (= 30 M).
30.–31. Rd: 1 fM in jede M der Vor-Rd (= 30 M).
32. Rd: * 3 fM, 1 M abn *, von * bis * noch 5x wdh (= 24 M).
33. Rd: 12x 1 M abn (= 12 M).
34. Rd: 6x 1 M abn (= 6 M).
Fb-Wechsel zu Schoko.
Stängel und Zwiebel mit Füllwatte ausstopfen.
35. Rd: 6x 1 M zun (= 12 M).
36. Rd: 12x 1 M zun (= 24 M).
37. Rd: * 3 fM, 1 M zun *, von * bis * noch 5x wdh (= 30 M).
38. Rd: 1 fM in jede M der Vor-Rd (= 30 M).
Den Faden abschneiden und vernähen.

KÜRZERE BLÄTTER (3X)

Für die kürzeren Blätter eine Kette aus 13 Lm in Kiwi arbeiten. In die 2. M von der Nd aus einstechen und wie folgt häkeln:
1. R: 3 Km, 2 fM, 2 hStb, 2 fM, 3 Km, weiter auf der anderen Seite der Lm-Kette mit 3 Km, 2 fM, 2 hStb, 2 fM, 3 Km (= 24 M).
Den Faden zum Annähen ca. 30 cm lang abschneiden.
Den Anfangsfaden auf der Rückseite vernähen.
Die anderen beiden Blätter genauso arbeiten.

LÄNGERE BLÄTTER (2X)

Für die längeren Blätter eine Kette aus 17 Lm in Kiwi arbeiten. In die 2. M von der Nd aus einstechen und wie folgt häkeln:
1. R: 4 Km, 3 fM, 2 hStb, 3 fM, 4 Km, weiter auf der anderen Seite der Lm-Kette mit 4 Km, 3 fM, 2 hStb, 3 fM, 4 Km (= 32 M).
Den Faden zum Annähen ca. 30 cm lang abschneiden.
Den Anfangsfaden auf der Rückseite vernähen.
Das andere Blatt genauso arbeiten.

BÄCKCHEN (2X)

1. Rd: In Rosa 4 fM in einen Magic Ring häkeln (= 4 M).
Den Faden zum Annähen ca. 30 cm lang abschneiden.
Das zweite Bäckchen genauso arbeiten.

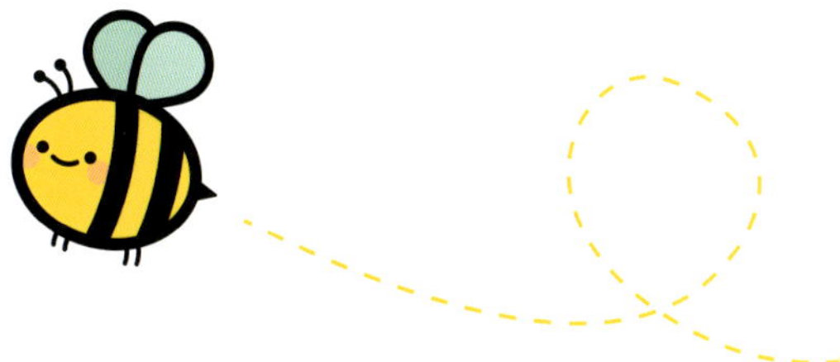

ERDBODEN

1. Rd: In Schoko 6 fM in einen Magic Ring häkeln (= 6 M).
2. Rd: 6x 1 M zun (= 12 M).
3. Rd: * 1 fM, 1 M zun *, von * bis * noch 5x wdh (= 18 M).
4. Rd: * 2 fM, 1 M zun *, von * bis * noch 5x wdh (= 24 M).
5. Rd: * 3 fM, 1 M zun *, von * bis * noch 5x wdh (= 30 M).
Den Faden nicht abschneiden, sondern weiternutzen zum Zusammenhäkeln. Danach den Faden abschneiden und vernähen.

FERTIGSTELLEN

Alle nun folgenden Näharbeiten werden mit einfachen Überwendlingsstichen (siehe Seite 18) gearbeitet und die Fadenenden sorgfältig vernäht. Zunächst den Erdboden mit dem unteren Rand der Blume zusammenhäkeln. Anschließend die Blätter gleichmäßig verteilt am grünen Stängel der Blume annähen. Dabei darauf achten, dass das Gesicht nicht zu sehr verdeckt wird. Möglicherweise die kürzeren Blätter eher vorne platzieren. Damit die Blätter nicht nach unten fallen, diese bis mindestens zur Mitte hoch festnähen, gegebenenfalls noch höher.

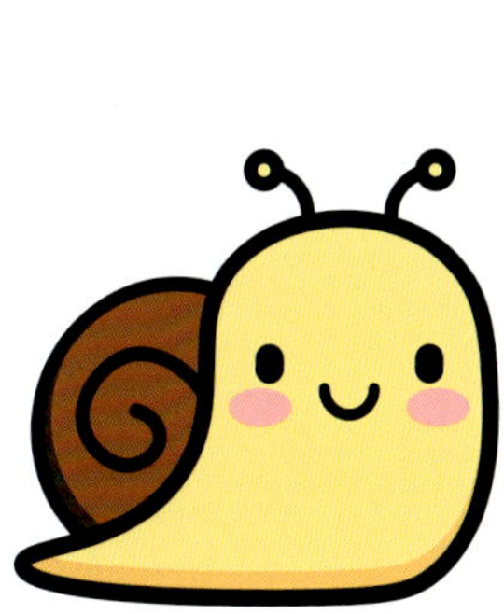

GIESSKANNE

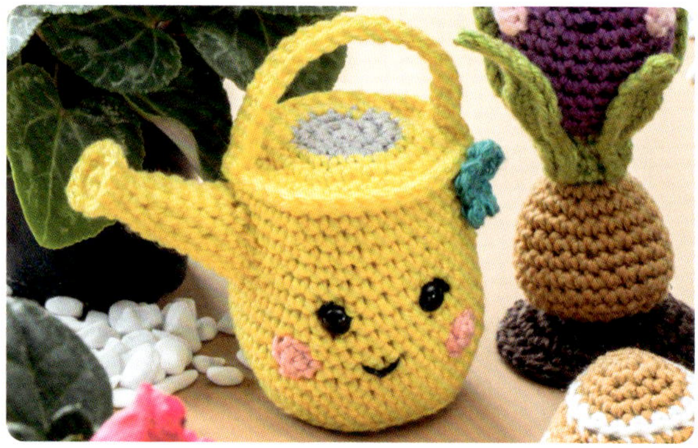

MATERIAL

- *Woll Butt Camilla (100 % Baumwolle, LL 125 m/50 g) in Sonnengelb, ca. 20 g, und in Grau, Smaragd, Rosa und Schwarz, je einen Rest*
- *Sicherheitsaugen, Ø 6 mm*
- *Häkelnadel 2,5 mm und 2,0 mm*
- *Füllwatte*
- *Wollnadel*

SO WIRD'S GEMACHT

Alle Körperteile werden einzeln in Spiral-Rd gearbeitet und anschließend zusammengenäht. Der Henkel wird aus einer Lm-Kette mit Hin- und Rück-R gearbeitet. Für die Blüte einen Faden in Smaragd mit etwa 50 cm Länge abschneiden und halbieren, d. h. das eigentlich vierfädige Garn auf je zwei Fäden aufdröseln. Mit dem nun zweifädigen Garn und der Häkel-Nd 2,0 mm wird die Blüte aus fM, hStb und Stb gehäkelt.

BAUCH

1. Rd: In Sonnengelb 6 fM in einen Magic Ring häkeln (= 6 M).
2. Rd: 6x 1 M zun (= 12 M).
3. Rd: * 1 fM, 1 M zun *, von * bis * noch 5x wdh (= 18 M).
4. Rd: * 2 fM, 1 M zun *, von * bis * noch 5x wdh (= 24 M).
5. Rd: * 3 fM, 1 M zun *, von * bis * noch 5x wdh (= 30 M).
6. Rd: * 4 fM, 1 M zun *, von * bis * noch 5x wdh (= 36 M).
7. Rd: 1 fM ihM jeder M der Vor-Rd (= 36 M).
8.–20. Rd: 1 fM in jede M der Vor-Rd (= 36 M).
Den Faden abschneiden und vernähen.

AUSGUSS

1. Rd: In Sonnengelb 6 fM in einen Magic Ring häkeln (= 6 M).
2. Rd: 1 fM ihM jeder M der Vor-Rd (= 6 M).
3. Rd: 1 fM in jede M der Vor-Rd (= 6 M).
4. Rd: * 1 fM, 1 M zun *, von * bis * noch 2x wdh (= 9 M).
5. Rd: 1 fM in jede M der Vor-Rd (= 9 M).
6. Rd: * 2 fM, 1 M zun *, von * bis * noch 2x wdh (= 12 M).
7. Rd: 1 fM in jede M der Vor-Rd (= 12 M).
Den Faden zum Annähen ca. 30 cm lang abschneiden.

AUSGUSSSIEB

1. Rd: In Sonnengelb 6 fM in einen Magic Ring häkeln (= 6 M).
2. Rd: * 1 fM, 1 M ihM zun *, von * bis * noch 2x wdh (= 9 M).
Den Faden zum Zusammenhäkeln ca. 40 cm lang abschneiden.

HENKEL

Für den Henkel eine Kette aus 21 Lm in Sonnengelb arbeiten. In die 2. M von der Nd aus einstechen und wie folgt häkeln:
1. R: 1 fM in jede M der Lm-Kette, 1 Wende-Lm (= 20 M).
2. R: 1 M überspringen, 1 fM in jede M der Vor-R (= 20 M).
Den Faden zum Annähen ca. 30 cm lang abschneiden.
Den Anfangsfaden abschneiden und vernähen.

DECKEL

1. Rd: In Grau 6 fM in einen Magic Ring häkeln (= 6 M).
2. Rd: 6x 1 M zun (= 12 M).
3. Rd: * 1 fM, 1 M zun *, von * bis * noch 5x wdh (= 18 M).
Fb-Wechsel zu Sonnengelb.
4. Rd: * 2 fM, 1 M zun *, von * bis * noch 5x wdh (= 24 M).
5. Rd: * 3 fM, 1 M zun *, von * bis * noch 5x wdh (= 30 M).
6. Rd: * 4 fM, 1 M zun *, von * bis * noch 5x wdh (= 36 M).

Den Faden nicht abschneiden, sondern weiternutzen zum Zusammenhäkeln. Danach den Faden abschneiden und vernähen.

BÄCKCHEN (2X)

1. Rd: In Rosa 4 fM in einen Magic Ring häkeln (= 4 M).
Den Faden zum Annähen ca. 30 cm lang abschneiden.
Das zweite Bäckchen genauso arbeiten.

BLÜTE

1. Rd: Mit halbiertem Garn in Smaragd und Häkel-Nd 2,0 10 fM in einen Magic Ring häkeln (= 10 M).
2. Rd: * (1 fM, 1 hStb, 1 Stb, 1 hStb in 1 fM der Vor-Rd), 1 Km *, von * bis * noch 4x wdh (= 25 M).
Den Faden zum Annähen ca. 30 cm lang abschneiden.
Den Anfangsfaden abschneiden und vernähen.

FERTIGSTELLEN

Alle nun folgenden Näharbeiten werden mit einfachen Überwendlingsstichen (siehe Seite 18) gearbeitet und die Fadenenden sorgfältig vernäht. Zunächst das Gesicht im Bauch der Gießkanne ausgestalten (siehe ab Seite 18). Dann den Deckel mit dem Gießkannenbauch zusammenhäkeln. Dabei den Bauch kurz vor dem Schließen mit Füllwatte stopfen. Das Ausgusssieb an den Ausguss häkeln und diesen links vom Gesicht seitlich leicht schräg annähen. Dabei wieder kurz vor dem Schließen mit Füllwatte stopfen. Anschließend den Henkel über dem Ausguss und auf der gegenüberliegenden Seite am Rand annähen. Zum Schluss die Blüte rechts oberhalb des Gesichts festnähen.

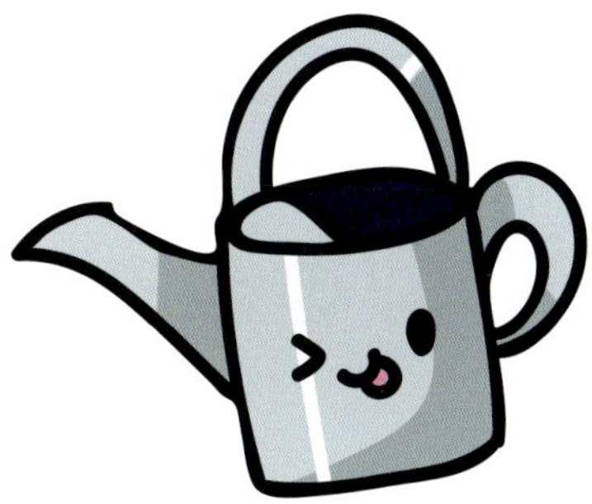

SCHNECKE

MATERIAL

- *Woll Butt Camilla (100 % Baumwolle, LL 125 m/50 g) in Sonnengelb und Karamell, je ca. 10 g, und in Mocca, Rosa, Weiß und Schwarz, je einen Rest*
- *Sicherheitsaugen, Ø 5 mm*
- *Häkelnadel 2,5 mm*
- *Füllwatte*
- *Wollnadel*

SO WIRD'S GEMACHT

Alle Teile werden einzeln in Spiral-Rd gearbeitet und anschließend zusammengenäht.

SCHNECKENHAUS

1. Rd: In Karamell 6 fM in einen Magic Ring häkeln (= 6 M).
2. Rd: * 1 fM, 1 M zun *, von * bis * noch 2x wdh (= 9 M).
3. Rd: * 2 fM, 1 M zun *, von * bis * noch 2x wdh (= 12 M).
4. Rd: * 1 fM, 1 M zun *, von * bis * noch 5x wdh (= 18 M).
Fb-Wechsel zu Weiß.
5. Rd: 1 fM in jede M der Vor-Rd (= 18 M).
Fb-Wechsel zu Karamell.
6. Rd: * 2 fM, 1 M ihM zun *, von * bis * noch 5x wdh (= 24 M).
7. und 8. Rd: 1 fM in jede M der Vor-Rd (= 24 M).
Fb-Wechsel zu Weiß.
9. Rd: * 3 fM, 1 M zun *, von * bis * noch 5x wdh (= 30 M).
Fb-Wechsel zu Karamell.
10. Rd: * 3 fM, 1 M ihM zun *, von * bis * noch 5x wdh (= 30 M).
11. Rd: 1 fM in jede M der Vor-Rd (= 30 M).
12. Rd: * 4 fM, 1 M zun *, von * bis * noch 5x wdh (= 36 M).
Fb-Wechsel zu Weiß.
13. Rd: 1 fM in jede M der Vor-Rd (= 36 M).
Fb-Wechsel zu Karamell.
14. Rd: * 5 fM, 1 M ihM zun *, von * bis * noch 5x wdh (= 42 M).
15. und 16. Rd: 1 fM in jede M der Vor-Rd (= 42 M).
17. Rd: * 5 fM, 1 M abn *, von * bis * noch 5x wdh (= 36 M).
18. Rd: 18x 1 M abn (= 18 M).
Mit Füllwatte ausstopfen.
19. Rd: 9x 1 M abn (= 9 M).
20. Rd: * 1 fM, 1 M abn *, von * bis * noch 2x wdh (= 6 M).
Den Faden abschneiden und mithilfe einer Woll-Nd durch alle 6 M fädeln. Danach die Öffnung zuziehen, den Faden sichern und im Inneren des Häkelstücks verstecken.

KOPF

1. Rd: In Sonnengelb 6 fM in einen Magic Ring häkeln (= 6 M).
2. Rd: 6x 1 M zun (= 12 M).
3. Rd: 1 fM in jede M der Vor-Rd (= 12 M).
4. Rd: * 1 fM, 1 M zun *, von * bis * noch 5x wdh (= 18 M).
5. Rd: 1 fM in jede M der Vor-Rd (= 18 M).
6. Rd: 3 fM, 2x 1 M zun, 7 fM, 2x 1 M zun, 4 fM (= 22 M).
7. Rd: 4 fM, 2x 1 M zun, 9 fM, 2x 1 M zun, 5 fM (= 26 M).
8. Rd: 5 fM, 2x 1 M zun, 11 fM, 2x 1 M zun, 6 fM (= 30 M).
9.–11. Rd: 1 fM in jede M der Vor-Rd (= 30 M).
12. Rd: * 3 fM, 1 M abn *, von * bis * noch 5x wdh (= 24 M).
13. Rd: * 2 fM, 1 M abn *, von * bis * noch 5x wdh (= 18 M).
Gesicht gestalten (siehe ab Seite 18) und den Kopf mit Füllwatte ausstopfen.
14. Rd: * 1 fM, 1 M abn *, von * bis * noch 5x wdh (= 12 M).
15. Rd: 6x 1 M abn (= 6 M).
Den Faden abschneiden und mithilfe einer Woll-Nd durch alle 6 M fädeln. Dann die Öffnung zuziehen, den Faden sichern und im Inneren des Häkelstücks verstecken.

FÜHLER (2X)

1. Rd: In Mocca 6 fM in einen Magic Ring häkeln (= 6 M). Fb-Wechsel zu Sonnengelb.
2.–6. Rd: 1 fM in jede M der Vor-Rd (= 6 M).
Den Faden zum Annähen ca. 30 cm lang abschneiden.
Den zweiten Fühler genauso arbeiten.

FERTIGSTELLEN

Alle nun folgenden Näharbeiten werden mit einfachen Überwendlingsstichen (siehe Seite 18) gearbeitet und die Fadenenden sorgfältig vernäht. Zunächst den Kopf möglichst flach an das Schneckenhaus nähen. Danach die Fühler leicht ausstopfen und oben auf dem Kopf jeweils etwas seitlich annähen.

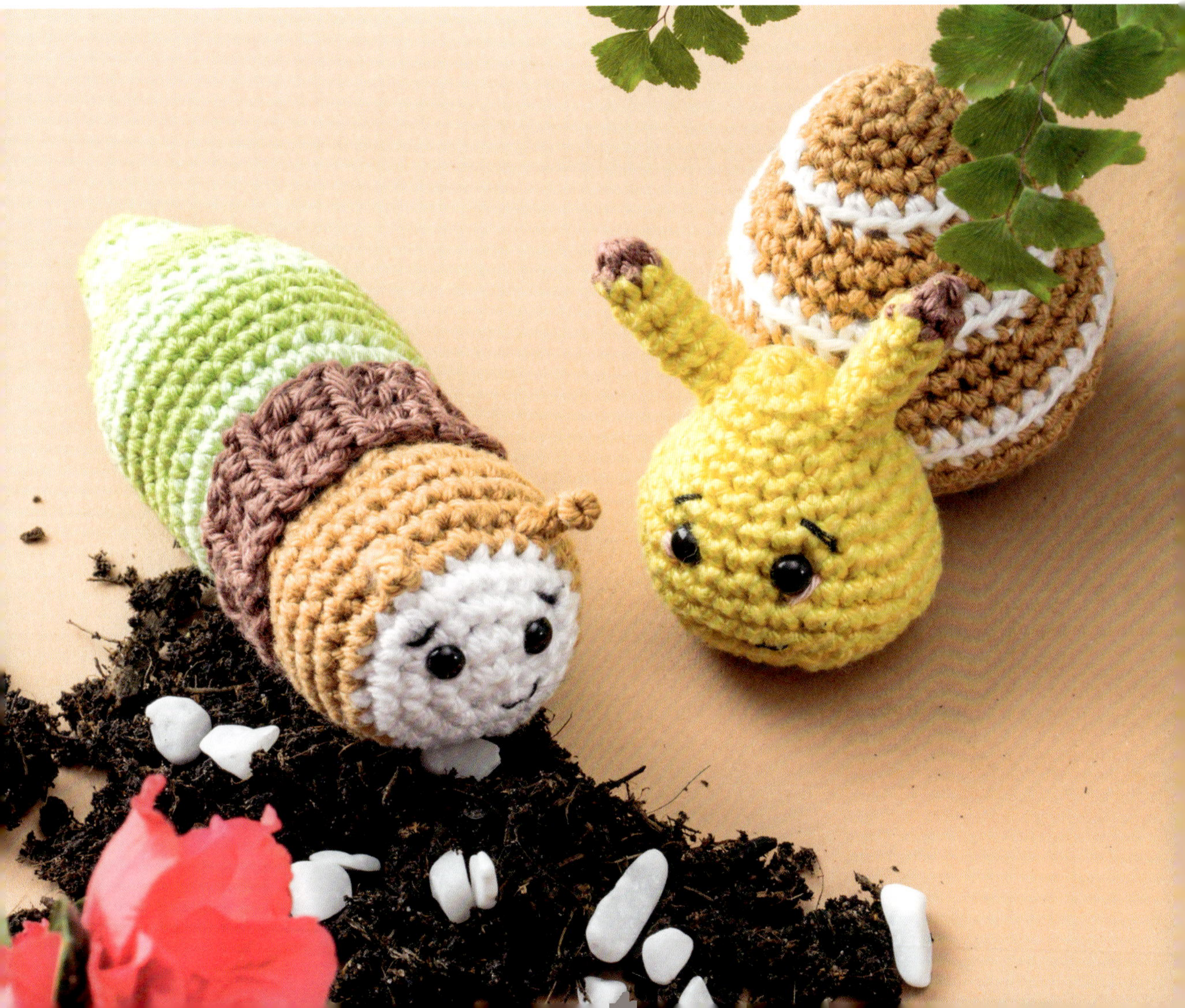

FUCHS

MATERIAL

- *Hobbii Rainbow Cotton 8/4 (100 % Baumwolle, LL 170 m/50 g) in Rotorange (Fb 066), ca. 30 g, und in Natur (Fb 002), Rust (Fb 101) und in Schwarz (Fb 009), je einen Rest*
- *Sicherheitsaugen, Ø 6 mm*
- *Häkelnadel 2,5 mm*
- *Füllwatte*
- *Wollnadel*

SO WIRD'S GEMACHT

Alle Teile werden einzeln in Spiral-Rd gearbeitet und anschließend zusammengenäht.

KÖRPER

1. Rd: In Rotorange 6 fM in einen Magic Ring häkeln (= 6 M).
2. Rd: 6x 1 M zun (= 12 M).
3. Rd: * 1 fM, 1 M zun *, von * bis * noch 5x wdh (= 18 M).
4. Rd: * 2 fM, 1 M zun *, von * bis * noch 5x wdh (= 24 M).
5. Rd: 1 fM in jede M der Vor-Rd (= 24 M).
6. Rd: * 3 fM, 1 M zun *, von * bis * noch 5x wdh (= 30 M).
7. Rd: 1 fM in jede M der Vor-Rd (= 30 M).
8. Rd: * 4 fM, 1 M zun *, von * bis * noch 5x wdh (= 36 M).
9.–21. Rd: 1 fM in jede M der Vor-Rd (= 36 M).
22. Rd: 18x 1 M ihM abn (= 18 M).
Gesicht gestalten (siehe ab Seite 18) und den Körper mit Füllwatte ausstopfen.
23. Rd: 9x 1 M ihM abn (= 9 M).
24. Rd: * 1 fM, 1 M abn *, von * bis * noch 2x wdh (= 6 M).
Den Faden abschneiden und mithilfe einer Woll-Nd durch alle 6 M fädeln. Anschließend die Öffnung zuziehen, den Faden sichern und im Inneren des Häkelstücks verstecken.

SCHNAUZE

1. Rd: In Natur 6 fM in einen Magic Ring häkeln (= 6 M).
2. Rd: * 1 fM, 1 M zun *, von * bis * noch 2x wdh (= 9 M).
3. Rd: * 2 fM, 1 M zun *, von * bis * noch 2x wdh (= 12 M).
Den Faden zum Annähen ca. 30 cm lang abschneiden.

OHREN (2X)

1. Rd: In Schwarz 4 fM in einen Magic Ring häkeln (= 4 M).
2. Rd: * 1 fM, 1 M zun *, von * bis * noch 1x wdh (= 6 M).
Fb-Wechsel zu Rotorange.
3. Rd: * 1 fM, 1 M zun *, von * bis * noch 2x wdh (= 9 M).
4. Rd: * 2 fM, 1 M zun *, von * bis * noch 2x wdh (= 12 M).
5. Rd: * 1 fM, 1 M zun *, von * bis * noch 5x wdh (= 18 M).
Den Faden zum Annähen ca. 30 cm lang abschneiden.
Das zweite Ohr genauso arbeiten.

SCHWANZ

1. Rd: In Natur 4 fM in einen Magic Ring häkeln (= 4 M).
2. Rd: * 1 fM, 1 M zun *, von * bis * noch 1x wdh (= 6 M).
3. Rd: * 1 fM, 1 M zun *, von * bis * noch 2x wdh (= 9 M).
Fb-Wechsel zu Rotorange.
4. Rd: * 2 fM, 1 M zun *, von * bis * noch 2x wdh (= 12 M).
5. und 6. Rd: 1 fM in jede M der Vor-Rd (= 12 M).
Mit Füllwatte ausstopfen.
7. Rd: 6x 1 M abn (= 6 M).
8.–10. Rd: 1 fM in jede M der Vor-Rd (= 6 M).
Den Faden zum Annähen ca. 30 cm lang abschneiden.

BÄCKCHEN (2X)

1. Rd: In Rust 4 fM in einen Magic Ring häkeln (= 4 M).
Den Faden zum Annähen ca. 30 cm lang abschneiden.
Das zweite Bäckchen genauso arbeiten.

FERTIGSTELLEN

Alle Näharbeiten werden mit einfachen Überwendlingsstichen (siehe Seite 18) gearbeitet und die Fadenenden sorgfältig vernäht. Mit schwarzem Faden einen Fleck auf die Schnauze sticken. Die Schnauze unter den Augen feststecken und annähen. Die Ohren seitlich an den Kopf und den Schwanz leicht seitlich unten an den Körper nähen.

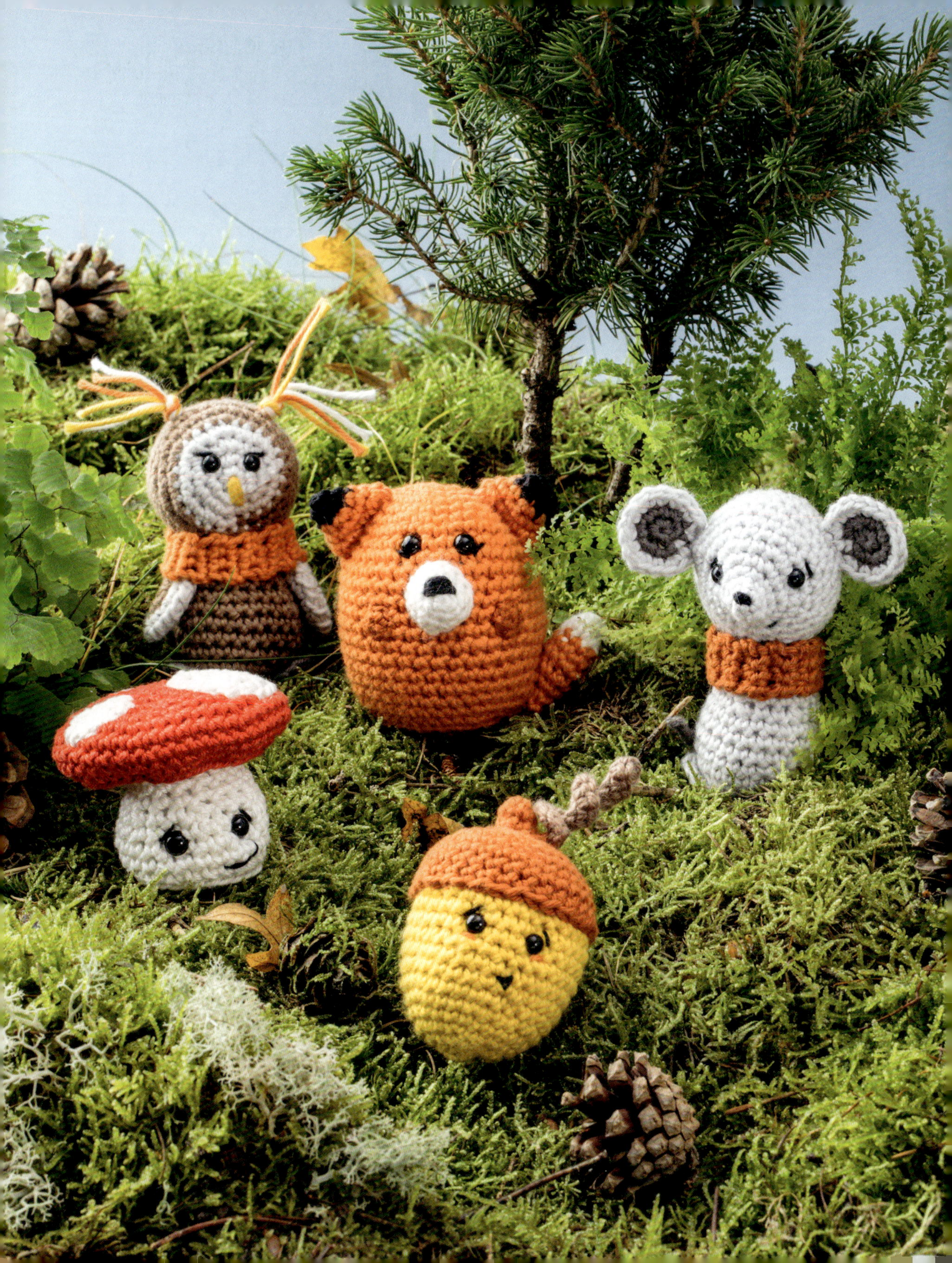

EICHEL

MATERIAL

- *Hobbii Rainbow Cotton 8/4 (100 % Baumwolle, LL 170 m/50 g) in Ockergelb (Fb 082), ca. 10 g, und in Rust (101), Rotorange (Fb 066), Hellbraun (006) und Schwarz (Fb 009), je einen Rest*
- *Sicherheitsaugen, Ø 5 mm*
- *Häkelnadel 2,5 mm*
- *Füllwatte*
- *Wollnadel*

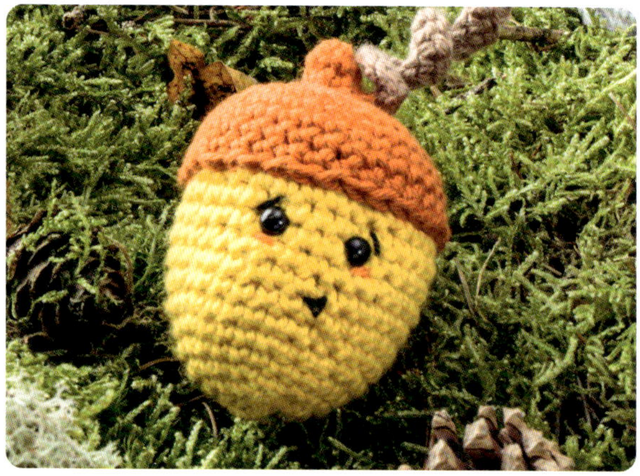

SO WIRD'S GEMACHT

Alle Teile werden in Spiral-Rd gearbeitet. Eichelhut und Kräuselast werden anschließend an die Eichel genäht.

EICHEL

1. Rd: In Ockergelb 4 fM in einen Magic Ring häkeln (= 4 M).
2. Rd: * 1 fM, 1 M zun *, von * bis * noch 1x wdh (= 6 M).
3. Rd: 6x 1 M zun (= 12 M).
4. Rd: * 1 fM, 1 M zun *, von * bis * noch 5x wdh (= 18 M).
5. Rd: * 2 fM, 1 M zun *, von * bis * noch 5x wdh (= 24 M).
6. Rd: 1 fM in jede M der Vor-Rd (= 24 M).
7. Rd: * 3 fM, 1 M zun *, von * bis * noch 5x wdh (= 30 M).
8.–15. Rd: 1 fM in jede M der Vor-Rd (= 30 M).
16. Rd: * 3 fM, 1 M abn *, von * bis * noch 5x wdh (= 24 M).
17. Rd: * 2 fM, 1 M abn *, von * bis * noch 5x wdh (= 18 M).
Gesicht gestalten (siehe ab Seite 18) und die Eichel mit Füllwatte ausstopfen.
15. Rd: * 1 fM, 1 M abn *, von * bis * noch 5x wdh (= 12 M).
16. Rd: 6x 1 M abn (= 6 M).
Den Faden abschneiden und mithilfe einer Woll-Nd durch alle 6 M fädeln. Anschließend die Öffnung zuziehen, den Faden sichern und im Inneren des Häkelstücks verstecken.

HUT

1. Rd: In Rust 6 fM in einen Magic Ring häkeln (= 6 M).
2. und 3. Rd: 1 fM in jede M der Vor-Rd (= 6 M).
4. Rd: 6x 1 M zun (= 12 M).
5. Rd: * 1 fM, 1 M zun *, von * bis * noch 5x wdh (= 18 M).
6. Rd: * 2 fM, 1 M zun *, von * bis * noch 5x wdh (= 24 M).
7. Rd: * 3 fM, 1 M zun *, von * bis * noch 5x wdh (= 30 M).
8.–11. Rd: 1 fM in jede M der Vor-Rd (= 30 M).
Den Faden abschneiden und im Inneren des Häkelstücks vernähen.

KRÄUSELAST

Für den Kräuselast in Hellbraun eine Kette aus 15 Lm arbeiten. In die 2. M von der Nd aus einstechen und wie folgt zurückhäkeln:
1. R: 2 fM in jede M der Lm-Kette (= 28 M).
Den Faden zum Annähen ca. 30 cm lang abschneiden. Den Anfangsfaden vernähen.

FERTIGSTELLEN

Alle nun folgenden Näharbeiten werden mit einfachen Überwendlingsstichen (siehe Seite 18) gearbeitet und die Fadenenden sorgfältig vernäht. Zunächst den Hut oben auf dem Kopf festnähen. Dann den Kräuselast direkt neben dem Hutzipfel annähen.

FLIEGENPILZ

MATERIAL

- *Hobbii Rainbow Cotton 8/4 (100 % Baumwolle, LL 170 m/50 g) in Rot (Fb 058), Natur (Fb 002), je ca. 10 g, und in Schwarz (Fb 009), einen Rest*
- *Sicherheitsaugen, Ø 6 mm*
- *Häkelnadel 3,0 mm*
- *Füllwatte*
- *Wollnadel*

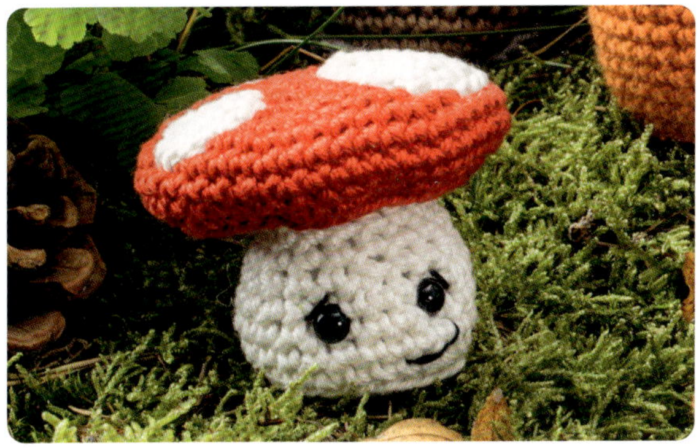

SO WIRD'S GEMACHT

Alle Teile werden einzeln in Spiral-Rd gearbeitet und anschließend zusammengenäht.

SCHIRM

1. Rd: In Rot 6 fM in einen Magic Ring häkeln (= 6 M).
2. Rd: 6x 1 M zun (= 12 M).
3. Rd: * 1 fM, 1 M zun *, von * bis * noch 5x wdh (= 18 M).
4. Rd: * 2 fM, 1 M zun *, von * bis * noch 5x wdh (= 24 M).
5. Rd: * 3 fM, 1 M zun *, von * bis * noch 5x wdh (= 30 M).
6. Rd: * 4 fM, 1 M zun *, von * bis * noch 5x wdh (= 36 M).
7. Rd: * 5 fM, 1 M zun *, von * bis * noch 5x wdh (= 42 M).
8.–11. Rd: 1 fM in jede M der Vor-Rd (= 42 M).
12. Rd: 21x 1 M ihM abn (= 21 M).
13. Rd: * 1 fM, 1 M abn *, von * bis * noch 6x wdh (= 14 M).
Leicht mit Füllwatte ausstopfen.
14. Rd: 7x 1 M abn (= 7 M).
Den Faden abschneiden und mithilfe einer Woll-Nd durch alle 7 M fädeln. Anschließend die Öffnung zuziehen, den Faden sichern und vernähen.

STAMM

1. Rd: In Rot 6 fM in einen Magic Ring häkeln (= 6 M).
2. Rd: 6x 1 M zun (= 12 M).
3. Rd: * 1 fM, 1 M zun *, von * bis * noch 5x wdh (= 18 M).
4. Rd: * 2 fM, 1 M zun *, von * bis * noch 5x wdh (= 24 M).
5. Rd: 1 fM ihM jeder M der Vor-Rd (= 24 M).
6.–8. Rd: 1 fM in jede M der Vor-Rd (= 24 M).
9. Rd: * 2 fM, 1 M abn *, von * bis * noch 5x wdh (= 18 M).
10. und 11. Rd: 1 fM ihM jeder M der Vor-Rd (= 18 M).
12. Rd: * 1 fM, 1 M abn *, von * bis * noch 5x wdh (= 12 M).
Den Faden zum Annähen ca. 30 cm lang abschneiden.

KLEINER PUNKT

1. Rd: In Natur 6 fM in einen Magic Ring häkeln (= 6 M).
Den Faden zum Annähen ca. 30 cm lang abschneiden.

MITTLERER PUNKT

1. Rd: In Natur 6 fM in einen Magic Ring häkeln (= 6 M).
2. Rd: 6x 1 M zun (= 12 M).
Den Faden zum Annähen ca. 30 cm lang abschneiden.

GROSSER PUNKT

1. Rd: In Natur 6 fM in einen Magic Ring häkeln (= 6 M).
2. Rd: 6x 1 M zun (= 12 M).
3. Rd: * 1 fM, 1 M zun *, von * bis * noch 5x wdh (= 18 M).
Den Faden zum Annähen ca. 30 cm lang abschneiden.

FERTIGSTELLEN

Alle nun folgenden Näharbeiten werden mit einfachen Überwendlingsstichen (siehe Seite 18) gearbeitet und die Fadenenden sorgfältig vernäht. Zunächst das Gesicht ausgestalten (siehe ab Seite 18). Danach den Stamm mit Füllwatte ausstopfen. Die Punkte auf den Schirm nähen und dann den Schirm mittig auf den Stamm nähen.

MAUS

MATERIAL

- *Hobbii Rainbow Cotton 8/4 (100 % Baumwolle, LL 170 m/50 g) in Mister Grey (Fb 97), ca. 20 g, und in Vulkangrau (Fb 012), Rust (Fb 101) und in Schwarz (Fb 009), je einen Rest*
- *Sicherheitsaugen, Ø 5 mm*
- *Häkelnadel 2,5 mm*
- *Füllwatte*
- *Wollnadel*

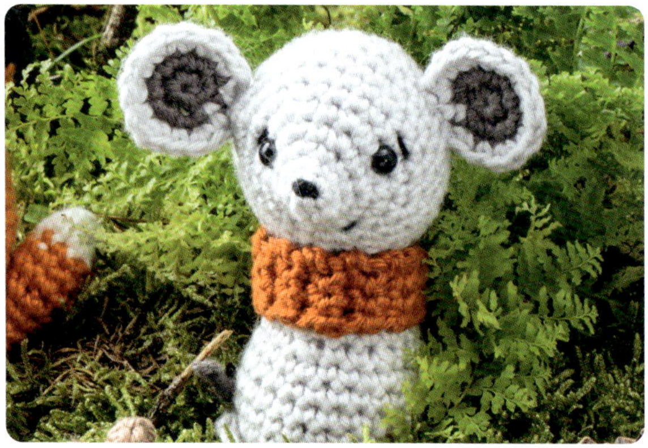

SO WIRD'S GEMACHT

Alle Teile werden einzeln in Spiral-Rd gearbeitet und anschließend zusammengenäht. Der Loop wird mit hStb gehäkelt und der Schwanz aus einer Lm-Kette gearbeitet.

KOPF

1. Rd: In Mister Grey 4 fM in einen Magic Ring häkeln (= 4 M).
2. Rd: * 1 fM, 1 M zun *, von * bis * noch 1x wdh (= 6 M).
3. Rd: * 1 fM, 1 M zun *, von * bis * noch 2x wdh (= 9 M).
4. Rd: * 2 fM, 1 M zun *, von * bis * noch 2x wdh (= 12 M).
5. Rd: * 1 fM, 1 M zun *, von * bis * noch 5x wdh (= 18 M).
6. Rd: * 2 fM, 1 M zun *, von * bis * noch 5x wdh (= 24 M).
7. Rd: 1 fM in jede M der Vor-Rd (= 24 M).
8. Rd: * 3 fM, 1 M zun *, von * bis * noch 5x wdh (= 30 M).
9.–12. Rd: 1 fM in jede M der Vor-Rd (= 30 M).
13. Rd: * 3 fM, 1 M abn *, von * bis * noch 5x wdh (= 24 M).
14. Rd: * 2 fM, 1 M abn *, von * bis * noch 5x wdh (= 18 M).
Gesicht gestalten (siehe ab Seite 18) und den Kopf mit Füllwatte ausstopfen.
15. Rd: * 1 fM, 1 M abn *, von * bis * noch 5x wdh (= 12 M).
16. Rd: 6x 1 M abn (= 6 M).
Den Faden abschneiden und mithilfe einer Woll-Nd durch alle 6 M fädeln. Anschließend die Öffnung zuziehen, den Faden sichern und im Inneren des Häkelstücks verstecken.

KÖRPER

1. Rd: In Mister Grey 6 fM in einen Magic Ring häkeln (= 6 M).
2. Rd: 6x 1 M zun (= 12 M).
3. Rd: * 1 fM, 1 M zun *, von * bis * noch 5x wdh (= 18 M).
4. Rd: * 2 fM, 1 M zun *, von * bis * noch 5x wdh (= 24 M).
5.–9. Rd: 1 fM in jede M der Vor-Rd (= 24 M).
10. Rd: * 2 fM, 1 M abn *, von * bis * noch 5x wdh (= 18 M).
11. und 12. Rd: 1 fM in jede M der Vor-Rd (= 18 M).
13. Rd: * 1 fM, 1 M abn *, von * bis * noch 5x wdh (= 12 M).
14. Rd: 1 fM in jede M der Vor-Rd (= 12 M).
Mit Füllwatte ausstopfen.
Den Faden zum Annähen ca. 30 cm lang abschneiden.

OHREN (2X)

1. Rd: In Vulkangrau 6 fM in einen Magic Ring häkeln (= 6 M).
2. Rd: 6x 1 M zun (= 12 M).
Fb-Wechsel zu Mister Grey.
3. Rd: * 1 fM, 1 M zun *, von * bis * noch 5x wdh (= 18 M).
Den Faden zum Annähen ca. 30 cm lang abschneiden.
Das zweite Ohr genauso arbeiten.

FÜSSE (2X)

1. Rd: In Mister Grey 6 fM in einen Magic Ring häkeln (= 6 M).
2. Rd: 6x 1 M zun (= 12 M).
Den Faden zum Annähen ca. 30 cm lang abschneiden.
Den zweiten Fuß genauso arbeiten.

LOOP

Für den Loop eine Kette aus 4 Lm in Rust arbeiten. In R häkeln und nach jeder R die Arbeit wenden. In die 2. M von der Nd aus einstechen und wie folgt häkeln:

1. R: 1 fM in jede M der Lm-Kette, 1 Wende-Lm (= 3 M).

2.–23. R: 1 fM in jede M der Vor-R, 1 Wende-Lm (= 3 M).

24. R: 1 fM in jede M der Vor-R (= 3 M).

Den Faden zum Zusammennähen ca. 20 cm lang abschneiden. Den Anfangsfaden vernähen.

FERTIGSTELLEN

Alle nun folgenden Näharbeiten werden mit einfachen Überwendlingsstichen (siehe Seite 18) gearbeitet und die Fadenenden sorgfältig vernäht. Zunächst die Ohren seitlich oben am Kopf annähen. Dann den Kopf mittig auf den Körper nähen. Anschließend die Füße leicht seitlich unter dem Körper festnähen. Für den Schwanz eine Kette aus 15 Lm direkt an den Mäusepo häkeln und die Fadenenden vernähen. Den Loop um den Hals legen und an den schmalen Seiten zusammennähen. Alle Fadenenden vernähen.

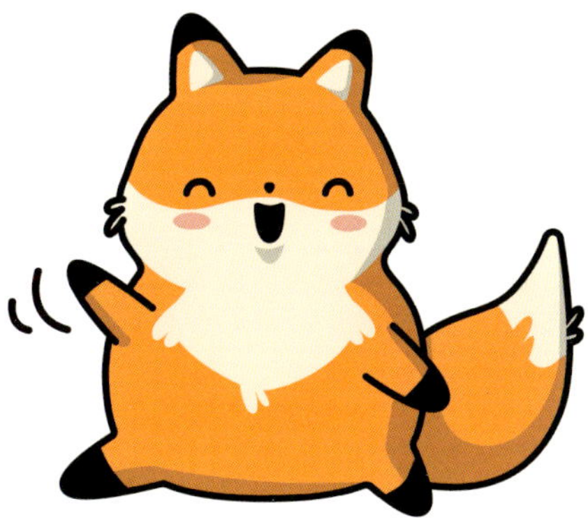

EULE

MATERIAL

- *Hobbii Rainbow Cotton 8/4 (100 % Baumwolle, LL 170 m/50 g) in Hellbraun (Fb 006), ca. 20 g, und in Mister Grey (Fb 97), Vulkangrau (Fb 012), Rotorange (Fb 066), Sonnengelb (Fb 055) und in Schwarz (Fb 009), je einen Rest*
- *Sicherheitsaugen, Ø 5 mm*
- *Häkelnadel 2,5 mm*
- *Füllwatte*
- *Wollnadel*

SO WIRD'S GEMACHT

Alle Teile werden einzeln in Spiral-Rd gearbeitet und anschließend zusammengenäht. Der Loop wird mit hStb gehäkelt.

KOPF

1. Rd: In Mister Grey 6 fM in einen Magic Ring häkeln (= 6 M).
2. Rd: 6x 1 M zun (= 12 M).
3. Rd: * 1 fM, 1 M zun *, von * bis * noch 5x wdh (= 18 M).
4. Rd: * 2 fM, 1 M zun *, von * bis * noch 5x wdh (= 24 M).
Fb-Wechsel zu Hellbraun.
5. Rd: * 3 fM, 1 M zun *, von * bis * noch 5x wdh (= 30 M).
6.–10. Rd: 1 fM in jede M der Vor-Rd (= 30 M).
11. Rd: * 3 fM, 1 M abn *, von * bis * noch 5x wdh (= 24 M).
12. Rd: * 2 fM, 1 M abn *, von * bis * noch 5x wdh (= 18 M).
Gesicht gestalten (siehe ab Seite 18) und den Kopf mit Füllwatte ausstopfen.
13. Rd: * 1 fM, 1 M abn *, von * bis * noch 5x wdh (= 12 M).
14. Rd: 6x 1 M abn (= 6 M).
Den Faden abschneiden und mithilfe einer Woll-Nd durch alle 6 M fädeln. Anschließend die Öffnung zuziehen, den Faden sichern und im Inneren des Häkelstücks verstecken.

KÖRPER

1. Rd: In Hellbraun 6 fM in einen Magic Ring häkeln (= 6 M).
2. Rd: 6x 1 M zun (= 12 M).
3. Rd: * 1 fM, 1 M zun *, von * bis * noch 5x wdh (= 18 M).
4. Rd: * 2 fM, 1 M zun *, von * bis * noch 5x wdh (= 24 M).
5.–9. Rd: 1 fM in jede M der Vor-Rd (= 24 M).
10. Rd: * 2 fM, 1 M abn *, von * bis * noch 5x wdh (= 18 M).
11. und 12. Rd: 1 fM in jede M der Vor-Rd (= 18 M).
13. Rd: * 1 fM, 1 M abn *, von * bis * noch 5x wdh (= 12 M).
14. Rd: 1 fM in jede M der Vor-Rd (= 12 M).
Mit Füllwatte ausstopfen.
Den Faden zum Annähen ca. 30 cm lang abschneiden.

FLÜGEL (2X)

1. Rd: In Hellbraun 6 fM in einen Magic Ring häkeln (= 6 M).
2. Rd: 6x 1 M zun (= 12 M).
Fb-Wechsel zu Mister Grey.
3. Rd: * 1 fM, 1 M zun *, von * bis * noch 5x wdh (= 18 M).
Den Faden zum Zusammen- und Annähen ca. 40 cm lang abschneiden.
Den zweiten Flügel genauso arbeiten.

FÜSSE (2X)

1. Rd: In Vulkangrau 6 fM in einen Magic Ring häkeln (= 6 M).
2. Rd: 6x 1 M zun (= 12 M).
Den Faden zum Annähen ca. 30 cm lang abschneiden.
Den zweiten Fuß genauso arbeiten.

LOOP

Für den Loop eine Kette aus 4 Lm in Rotorange arbeiten. In R häkeln und die Arbeit nach jeder R wenden. In die 2. M von der Nd aus einstechen und wie folgt häkeln:
1. R: 1 fM in jede M der Lm-Kette, 1 Wende-Lm (= 3 M).
2.–23. R: 1 fM in jede M der Vor-R, 1 Wende-Lm (= 3 M).
24. R: 1 fM in jede M der Vor-R (= 3 M).
Den Faden zum Zusammennähen ca. 20 cm lang abschneiden. Den Anfangsfaden vernähen.

FERTIGSTELLEN

Alle nun folgenden Näharbeiten werden mit einfachen Überwendlingsstichen (siehe Seite 18) gearbeitet und die Fadenenden sorgfältig vernäht. Zunächst den Kopf mittig auf den Körper nähen. Anschließend die Füße leicht seitlich unter dem Körper festnähen. Die Kreise für die Flügel zu Halbkreisen zusammenklappen, zusammennähen und seitlich unterhalb des Kopfs annähen. Den Loop um den Hals legen und an den schmalen Seiten zusammennähen. Zum Schluss bunte Fäden als Ohrbüschel jeweils seitlich oben auf dem Kopf einknoten und nach Belieben kürzen.

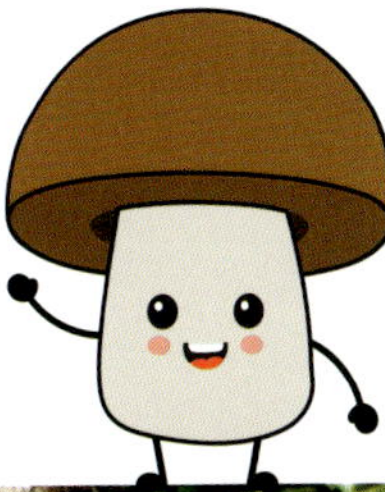

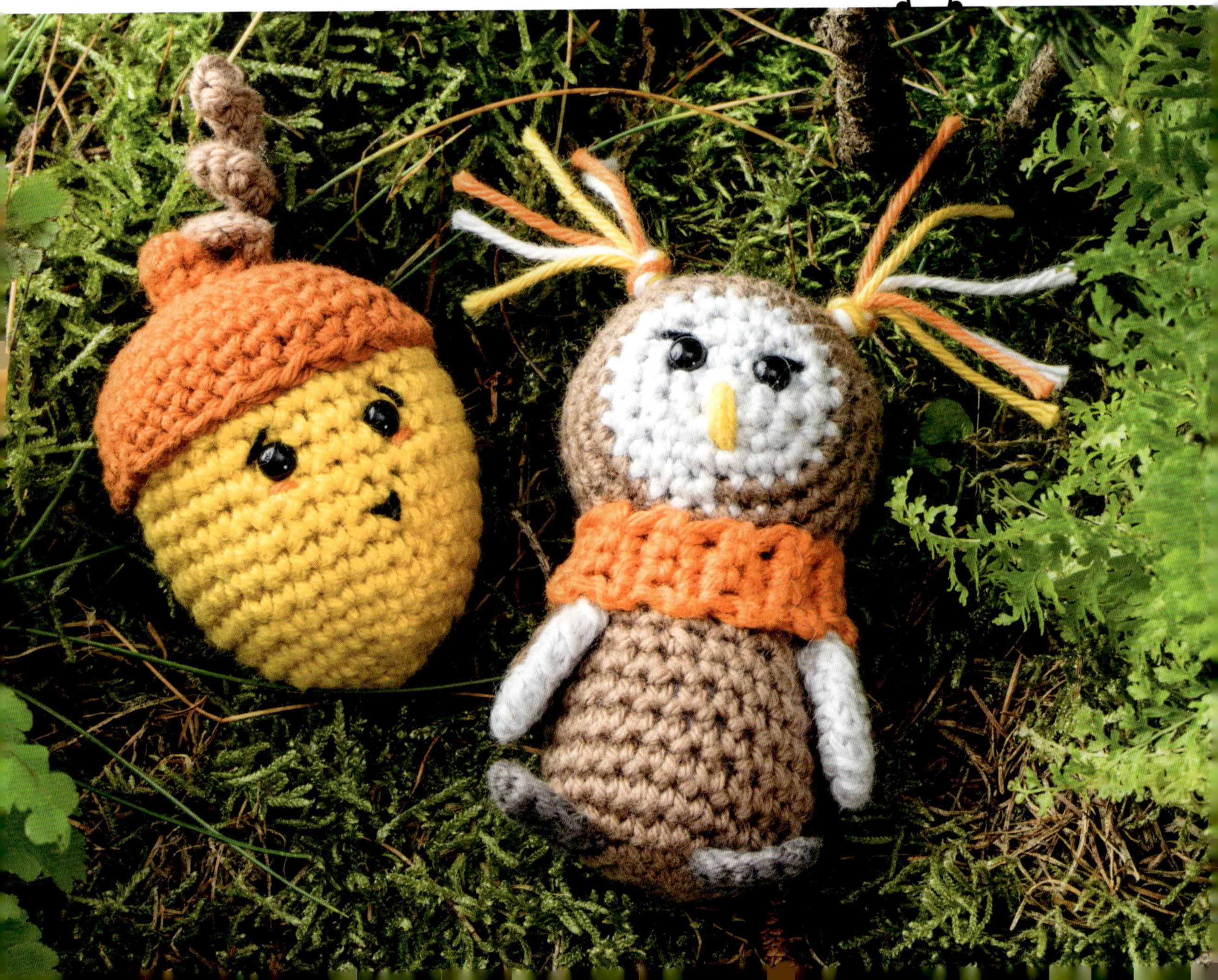

AM STRAND

KRABBE

MATERIAL

- *Schachenmayr Catania (100 % Baumwolle, LL 125 m/50 g) in Kamelie (Fb 252), ca. 20 g, und in Dahlie (Fb 409) und Schwarz (Fb 110), je einen Rest*
- *Sicherheitsaugen, Ø 5 mm*
- *Häkelnadel 3,0 mm*
- *Füllwatte*
- *Wollnadel*

SO WIRD'S GEMACHT

Alle Teile werden einzeln in Spiral-Rd gearbeitet und anschließend zusammengenäht.

KÖRPER

1. Rd: In Kamelie 6 fM in einen Magic Ring häkeln (= 6 M).
2. Rd: 6x 1 M zun (= 12 M).
3. Rd: * 1 fM, 1 M zun *, von * bis * noch 5x wdh (= 18 M).
4. Rd: * 2 fM, 1 M zun *, von * bis * noch 5x wdh (= 24 M).
5. Rd: * 3 fM, 1 M zun *, von * bis * noch 5x wdh (= 30 M).
6. Rd: * 4 fM, 1 M zun *, von * bis * noch 5x wdh (= 36 M).
7.–11. Rd: 1 fM in jede M der Vor-Rd (= 36 M).
12. Rd: 18x 1 M abn (= 18 M).
Gesicht gestalten (siehe ab Seite 18) und den Körper mit Füllwatte ausstopfen.
13. Rd: 9x 1 M abn (= 9 M).
14. Rd: * 1 fM, 1 M abn *, von * bis * noch 2x wdh (= 6 M).
Den Faden abschneiden und mithilfe einer Woll-Nd durch alle 6 M fädeln. Anschließend die Öffnung zuziehen, den Faden sichern und im Inneren des Häkelstücks verstecken.

BEINE (6X)

1. Rd: In Kamelie 4 fM in einen Magic Ring häkeln (= 4 M).
2. Rd: * 1 fM, 1 M zun *, von * bis * noch 1x wdh (= 6 M).
3. und 4. Rd: 1 fM in jede M der Vor-Rd (= 6 M).
Den Faden zum Annähen ca. 30 cm lang abschneiden.
Die anderen Beine genauso arbeiten.

SCHEREN (2X)

1. Rd: In Kamelie 4 fM in einen Magic Ring häkeln (= 4 M).
2. Rd: * 1 fM, 1 M zun *, von * bis * noch 1x wdh (= 6 M).
3. Rd: 1 fM in jede M der Vor-Rd (= 6 M).
4. Rd: * 1 fM, 1 M zun *, von * bis * noch 2x wdh (= 9 M).
5. Rd: * 2 fM, 1 M zun *, von * bis * noch 2x wdh (= 12 M).
6. Rd: * 1 fM, 1 M zun *, von * bis * noch 5x wdh (= 18 M).
7. Rd: 1 fM in jede M der Vor-Rd (= 18 M).
8. Rd: 9x 1 M abn (= 9 M).
Den Faden zum Annähen ca. 30 cm lang abschneiden, mithilfe einer Woll-Nd durch alle 9 M fädeln und zuziehen.
Die andere Schere genauso arbeiten.

BÄCKCHEN (2X)

1. Rd: In Dahlie 4 fM in einen Magic Ring häkeln (= 4 M).
Den Faden zum Annähen ca. 30 cm lang abschneiden.
Das zweite Bäckchen genauso arbeiten.

FERTIGSTELLEN

Alle nun folgenden Näharbeiten werden mit einfachen Überwendlingsstichen (siehe Seite 18) gearbeitet und die Fadenenden sorgfältig vernäht. Zunächst die Scheren vorne unterhalb des Gesichts leicht seitlich annähen. Danach die sechs Beine direkt dahinter auf beiden Seiten gleichmäßig verteilt annähen.

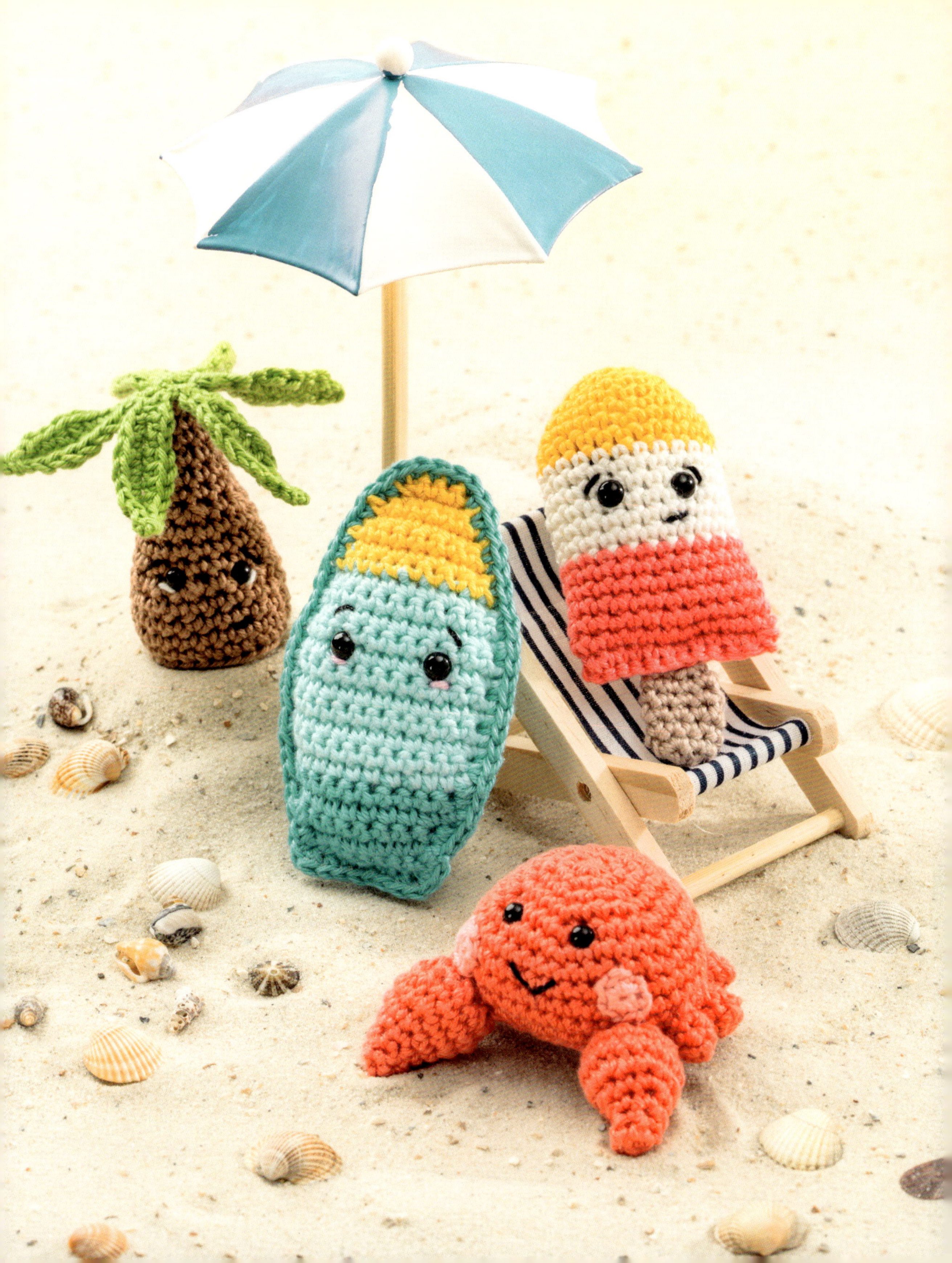

EIS AM STIEL

MATERIAL

- *Schachenmayr Catania (100 % Baumwolle, LL 125 m/50 g) in Sonne (Fb 208), Natur (Fb 105) und Himbeer (Fb 256), je ca. 10 g, und in Bast (Fb 257) und Schwarz (Fb 110), je einen Rest*
- *Sicherheitsaugen, Ø 6 mm*
- *Häkelnadel 3,0 mm*
- *Füllwatte*
- *Wollnadel*

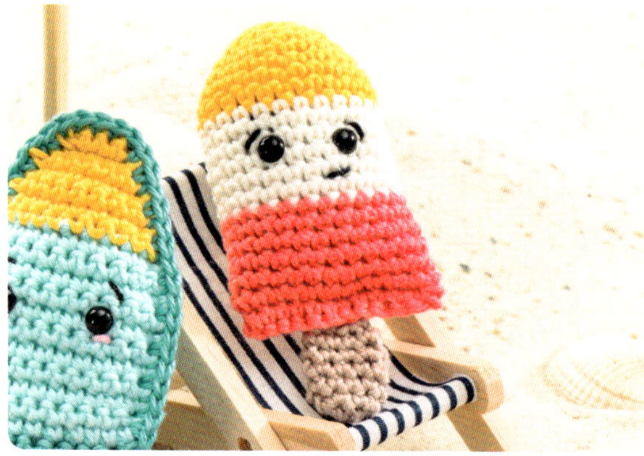

SO WIRD'S GEMACHT

Alle Teile werden einzeln in Spiral-Rd gearbeitet und anschließend zusammengenäht.

EIS

1. Rd: In Sonne 6 fM in einen Magic Ring häkeln (= 6 M).
2. Rd: 6x 1 M zun (= 12 M).
3. Rd: 1 fM in jede M der Vor-Rd (= 12 M).
4. Rd: * 1 fM, 1 M zun *, von * bis * noch 5x wdh (= 18 M).
5. Rd: 1 fM in jede M der Vor-Rd (= 18 M).
6. Rd: * 2 fM, 1 M zun *, von * bis * noch 5x wdh (= 24 M).
7. und 8. Rd: 1 fM in jede M der Vor-Rd (= 24 M).
Fb-Wechsel zu Natur.
9.–14. Rd: 1 fM in jede M der Vor-Rd (= 24 M).
Fb-Wechsel zu Himbeer.
15.–19. Rd: 1 fM in jede M der Vor-Rd (= 24 M).
20. Rd: * 10 fM, 1 M abn *, von * bis * noch 1x wdh (= 22 M).
Den Faden nicht abschneiden, sondern weiternutzen zum Zusammenhäkeln. Danach den Faden abschneiden und vernähen.

STIEL

1. Rd: In Bast 6 fM in einen Magic Ring häkeln (= 6 M).
2. Rd: * 1 fM, 1 M zun *, von * bis * noch 2x wdh (= 9 M).
3. und 4. Rd: 1 fM in jede M der Vor-Rd (= 9 M).
Den Faden zum Annähen ca. 30 cm lang abschneiden.

FERTIGSTELLEN

Zunächst das Gesicht ausgestalten (siehe ab Seite 18). Danach das Eis mit Füllwatte ausstopfen. Beide Seiten zusammendrücken und zusammenhäkeln (siehe Seite 17). Den Stiel nicht stopfen und mit einem einfachen Überwendlingsstich unten an die zusammengehäkelte Kante nähen.

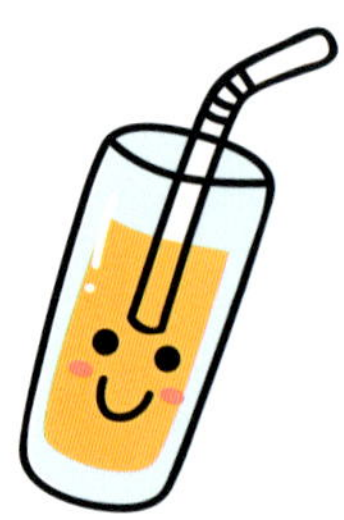

PALME

MATERIAL

- *Schachenmayr Catania (100 % Baumwolle, LL 125 m/50 g) in Deep Amber (Fb 438) und Greenery (Fb 418), je ca. 10 g, und in Natur (Fb 105) und Schwarz (Fb 110), je einen Rest*
- *Sicherheitsaugen, Ø 5 mm*
- *Häkelnadel 3,0 mm*
- *Füllwatte*
- *Wollnadel*

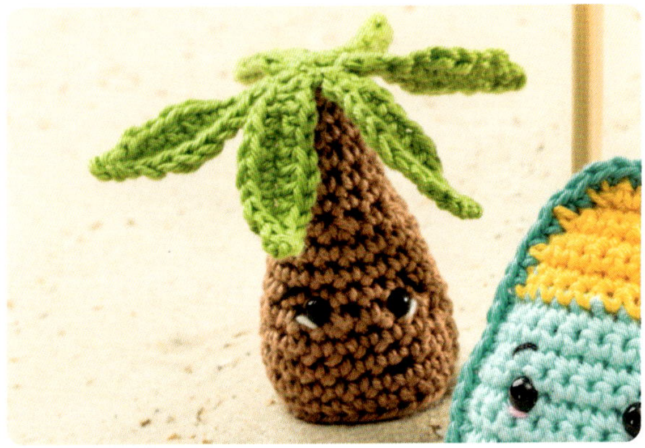

SO WIRD'S GEMACHT

Der Stamm wird in Spiral-Rd und die Palmwedel aus Lm-Ketten mit fM und hStb gearbeitet. Fürs einfachere Annähen werden alle Wedel an einen Kreis und dieser später auf die Palme genäht.

STAMM

1. Rd: In Deep Amber 6 fM in einen Magic Ring häkeln (= 6 M).
2. Rd: 6x 1 M zun (= 12 M).
3. Rd: * 1 fM, 1 M zun *, von * bis * noch 5x wdh (= 18 M).
4. Rd: * 2 fM, 1 M zun *, von * bis * noch 5x wdh (= 24 M).
5. Rd: 1 fM ihM jeder M der Vor-Rd (= 24 M).
6.–8. Rd: 1 fM in jede M der Vor-Rd (= 24 M).
9. Rd: * 2 fM, 1 M abn *, von * bis * noch 5x wdh (= 18 M).
10.–12. Rd: 1 fM in jede M der Vor-Rd (= 18 M).
Gesicht gestalten (siehe ab Seite 18) und den Stamm mit Füllwatte ausstopfen.
13. Rd: * 1 fM, 1 M abn *, von * bis * noch 5x wdh (= 12 M).
14.–16. Rd: 1 fM in jede M der Vor-Rd (= 12 M).
17. Rd: * 2 fM, 1 M abn *, von * bis * noch 2x wdh (= 9 M).
18. Rd: 1 fM in jede M der Vor-Rd (= 9 M).
19. Rd: * 1 fM, 1 M abn *, von * bis * noch 2x wdh (= 6 M).
Den Faden zum Annähen ca. 30 cm lang abschneiden.

PALMWEDEL (6X)

Für die Palmwedel eine Kette aus 11 Lm in Greenery arbeiten. In die 2. M von der Nd aus einstechen und wie folgt häkeln:
1. R: 2 Km, 2 fM, 2 hStb, 2 fM, 2 Km, weiter auf der anderen Seite der Lm-Kette mit 2 Km, 2 fM, 2 hStb, 2 fM, 2 Km (= 20 M).
Den Faden zum Annähen ca. 30 cm lang abschneiden.
Den Anfangsfaden auf der Rückseite vernähen.
Die anderen Palmwedel genauso arbeiten.

GRÜNER KREIS

1. Rd: In Greenery 6 fM in einen Magic Ring häkeln (= 6 M).
2. Rd: * 1 fM, 1 M zun *, von * bis * noch 2x wdh (= 9 M).
Den Faden abschneiden und vernähen.

FERTIGSTELLEN

Alle nun folgenden Näharbeiten werden mit einfachen Überwendlingsstichen (siehe Seite 18) gearbeitet und die Fadenenden sorgfältig vernäht. Zunächst werden alle sechs Palmwedel gleichmäßig verteilt an den grünen Kreis genäht. Danach wird der Kreis mittig auf dem Stamm festgenäht.

SURFBRETT

MATERIAL

- *Schachenmayr Catania (100 % Baumwolle, LL 125 m/50 g) in Jade (Fb 253), Tiffany (Fb 432) und Sonne (Fb 208), je ca. 10 g, und in Orchidee (Fb 222) und Schwarz (Fb 110), je einen Rest*
- *Sicherheitsaugen, Ø 6 mm*
- *Häkelnadel 3,0 mm*
- *Füllwatte*
- *Wollnadel*

SO WIRD'S GEMACHT

Das Surfbrett besteht aus Vorder- und Rückseite, jeweils in R gehäkelt, die später zusammengehäkelt werden. Gesicht und Details werden nur auf der Vorderseite ausgestaltet. Die Finne (Ruder) hinten wird in Spiral-Rd gearbeitet und angenäht.

SURFBRETT (2X)

Für die Vorderseite in Jade eine Kette aus 9 Lm arbeiten. In R häkeln und nach jeder R die Arbeit wenden. In die 2. M von der Nd aus einstechen und wie folgt häkeln:
1. R: 1 fM in jede M der Lm-Kette, 1 Wende-Lm (= 8 M).
2. R: 7 fM, 1 M zun, 1 Wende-Lm (= 9 M).
3. R: 8 fM, 1 M zun, 1 Wende-Lm (= 10 M).
4. R: 9 fM, 1 M zun, 1 Wende-Lm (= 11 M).
5. R: 10 fM, 1 M zun, 1 Wende-Lm (= 12 M).
Fb-Wechsel zu Tiffany.
6.–12. R: 1 fM in jede M der Vor-R, 1 Wende-Lm (= 12 M).
13. R: 1 fM in jede M der Vor-R (= 12 M).
14. R: 1 M überspringen, 1 fM in jede M der Vor-R (= 11 M).
15. R: 1 M überspringen, 1 fM in jede M der Vor-R, 1 Wende-Lm (= 10 M).
Fb-Wechsel zu Sonne.
16. R: 1 fM in jede M der Vor-R (= 10 M).
17. R: 1 M überspringen, 1 fM in jede M der Vor-R (= 9 M).
18. R: 1 M überspringen, 1 fM in jede M der Vor-R (= 8 M).
19. R: 1 M überspringen, 1 fM in jede M der Vor-R (= 7 M).
20. R: 1 M überspringen, 1 fM in jede M der Vor-R (= 6 M).
21. R: 1 M überspringen, 1 fM in jede M der Vor-R (= 5 M).
22. R: 3 fM, 1 Km (= 4 M).
Den Faden auf der Rückseite vernähen.
Die Rückseite genauso arbeiten.

FINNE

1. Rd: In Jade 6 fM in einen Magic Ring häkeln (= 6 M).
2. Rd: * 1 fM, 1 M zun *, von * bis * noch 2x wdh (= 9 M).
3. Rd: * 2 fM, 1 M zun *, von * bis * noch 2x wdh (= 12 M).
4. Rd: 1 fM in jede M der Vor-Rd (= 12 M).
Den Faden zum Annähen ca. 30 cm lang abschneiden.

FERTIGSTELLEN

Zunächst das Gesicht auf der Vorderseite gestalten (siehe ab Seite 18). Dann die beiden Seiten mit Jade zusammenhäkeln (siehe Seite 17) und kurz vor dem Schließen etwas mit Füllwatte stopfen. Beide Fadenenden vernähen. Anschließend die Finne mit einem einfachen Überwendlingsstich (siehe Seite 18) hinten unten am Surfbrett annähen.

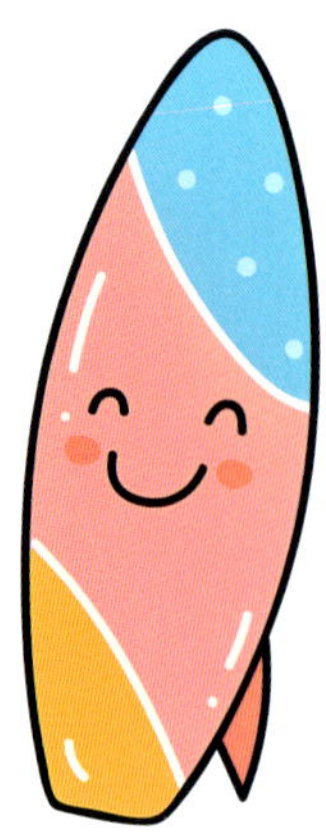

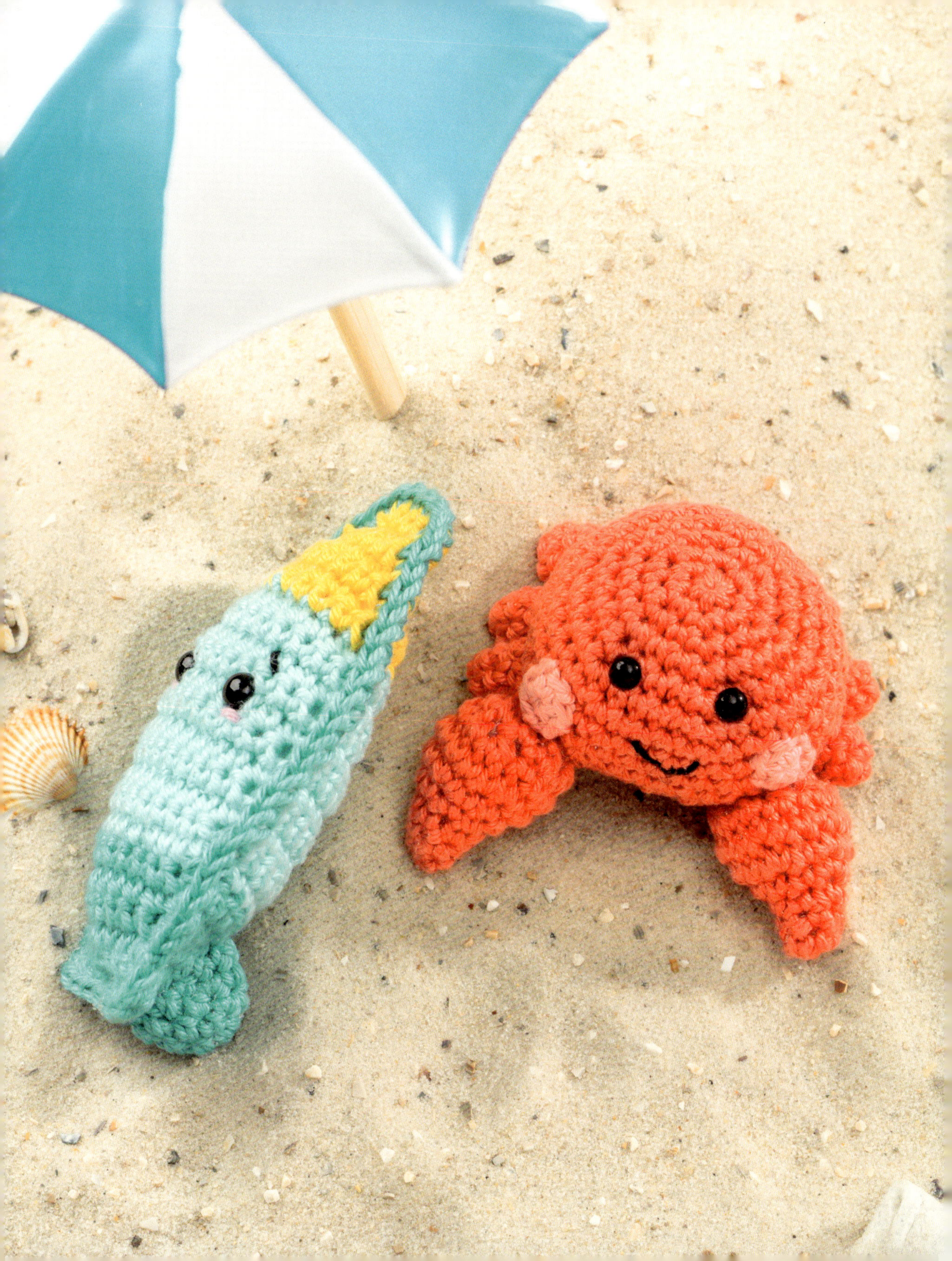

UNTER WASSER

U-BOOT

MATERIAL

- *Woll Butt Camilla (100 % Baumwolle, LL 125 m/50 g) in Grau, ca. 20 g, und in Aqua, Sonnengelb und Schwarz, je einen Rest*
- *Sicherheitsaugen, Ø 5 mm*
- *Häkelnadel 2,5 mm*
- *Füllwatte*
- *Wollnadel*

SO WIRD'S GEMACHT

Alle Teile werden einzeln in Spiral-Rd gearbeitet und anschließend zusammengenäht. Das Guckrohr besteht aus dem Rohr selbst und dem Licht, das separat angenäht wird.

BOOTSKÖRPER

1. Rd: In Grau 6 fM in einen Magic Ring häkeln (= 6 M).
2. Rd: * 1 fM, 1 M zun *, von * bis * noch 2x wdh (= 9 M).
3. Rd: * 2 fM, 1 M zun *, von * bis * noch 2x wdh (= 12 M).
4. Rd: * 1 fM, 1 M zun *, von * bis * noch 5x wdh (= 18 M).
5. Rd: * 2 fM, 1 M zun *, von * bis * noch 5x wdh (= 24 M).
6. Rd: 1 fM in jede M der Vor-Rd (= 24 M).
7. Rd: * 3 fM, 1 M zun *, von * bis * noch 5x wdh (= 30 M).
8.–12. Rd: 1 fM in jede M der Vor-Rd (= 30 M).
Gesicht gestalten (siehe ab Seite 18) und mit Füllwatte ausstopfen.
13. Rd: * 3 fM, 1 M abn *, von * bis * noch 5x wdh (= 24 M).
14.–16. Rd: 1 fM in jede M der Vor-Rd (= 24 M).
17. Rd: * 2 fM, 1 M abn *, von * bis * noch 5x wdh (= 18 M).
18.–22. Rd: 1 fM in jede M der Vor-Rd (= 18 M).
23. Rd: * 1 fM, 1 M abn *, von * bis * noch 5x wdh (= 12 M).
24. und 25. Rd: 1 fM in jede M der Vor-Rd (= 12 M).
Nochmals Füllwatte nachstopfen.
26. Rd: 6x 1 M abn (= 6 M).
Den Faden abschneiden und mithilfe einer Woll-Nd durch alle 6 M fädeln. Anschließend die Öffnung zuziehen, den Faden sichern und im Inneren des Häkelstücks verstecken.

GUCKROHR

1. Rd: In Sonnengelb 4 fM in einen Magic Ring häkeln (= 4 M).
2. Rd: * 1 fM, 1 M zun *, von * bis * noch 1x wdh (= 6 M).
3.–6. Rd: 1 fM in jede M der Vor-Rd (= 6 M).
Den Faden zum Annähen ca. 30 cm lang abschneiden.

LICHT

1. Rd: In Sonnengelb 4 fM in einen Magic Ring häkeln (= 4 M).
Fb-Wechsel zu Grau.
2. Rd: * 1 fM, 1 M zun *, von * bis * noch 1x wdh (= 6 M).
3.–6. Rd: 1 fM ihM jeder M der Vor-Rd (= 6 M).
Den Faden zum Annähen ca. 30 cm lang abschneiden.

HECKRUDER

1. Rd: In Grau 4 fM in einen Magic Ring häkeln (= 4 M).
2. Rd: * 1 fM, 1 M zun *, von * bis * noch 1x wdh (= 6 M).
3. Rd: * 1 fM, 1 M zun *, von * bis * noch 2x wdh (= 9 M).
4. Rd: 1 fM in jede M der Vor-Rd (= 9 M).
Den Faden zum Annähen ca. 30 cm lang abschneiden.

BULLAUGEN (4X)

1. Rd: In Aqua 6 fM in einen Magic Ring häkeln (= 6 M).
Den Faden zum Annähen ca. 30 cm lang abschneiden.
Die andern Bullaugen genauso arbeiten.

FERTIGSTELLEN

Alle folgenden Näharbeiten werden mit einfachen Überwendlingsstichen (siehe Seite 18) gearbeitet und die Fadenenden vernäht. Das Licht im rechten Winkel an das Guckrohr nähen. Das Guckrohr leicht ausgestopft oben mittig über dem Gesicht annähen. Das Heckruder hinten auf dem Boot annähen. Auf beiden Seiten des Boots je zwei Bullaugen leicht unterhalb der Mitte annähen.

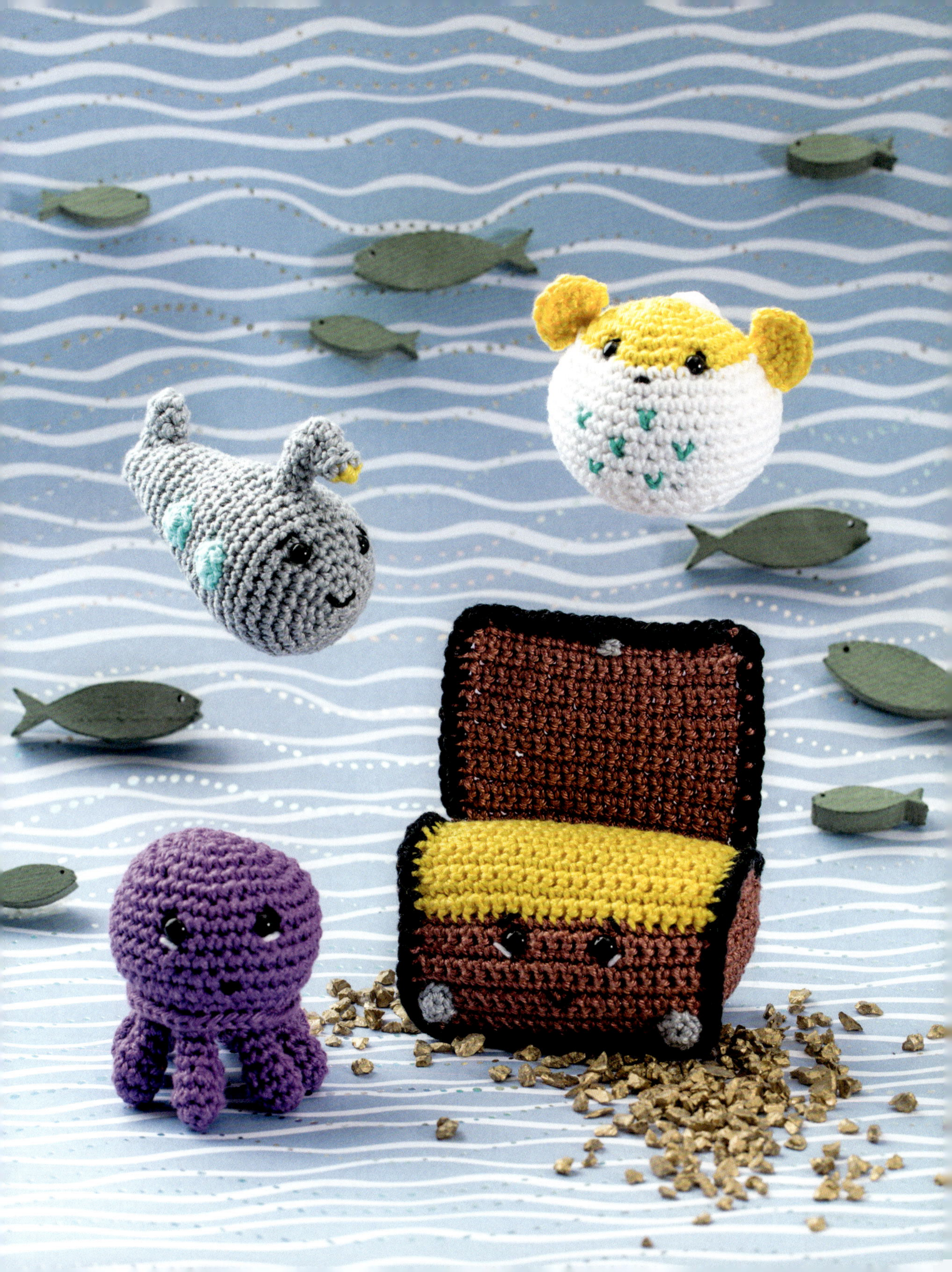

KRAKE

MATERIAL

- *Woll Butt Camilla (100 % Baumwolle, LL 125 m/50 g) in Lila, ca. 10 g, und in Weiß und Schwarz, je einen Rest*
- *Sicherheitsaugen, Ø 6 mm*
- *Häkelnadel 2,5 mm*
- *Füllwatte*
- *Wollnadel*

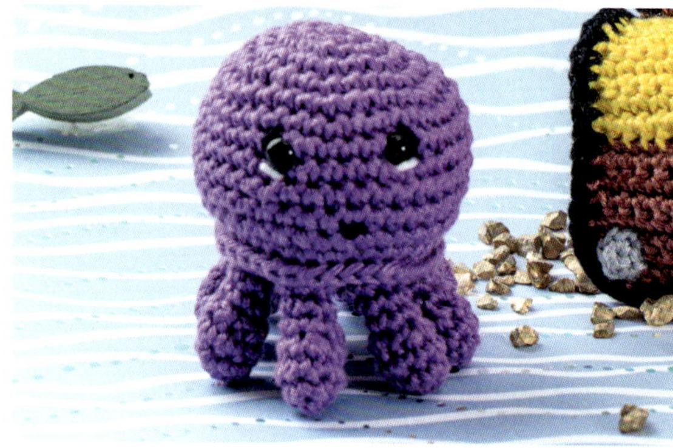

SO WIRD'S GEMACHT

Alle Teile werden in Spiral-Rd gearbeitet und anschließend zusammengenäht.

KÖRPER

1. Rd: In Lila 6 fM in einen Magic Ring häkeln (= 6 M).
2. Rd: 6x 1 M zun (= 12 M).
3. Rd: * 1 fM, 1 M zun *, von * bis * noch 5x wdh (= 18 M).
4. Rd: * 2 fM, 1 M zun *, von * bis * noch 5x wdh (= 24 M).
5. Rd: * 3 fM, 1 M zun *, von * bis * noch 5x wdh (= 30 M).
6. Rd: * 4 fM, 1 M zun *, von * bis * noch 5x wdh (= 36 M).
7.–13. Rd: 1 fM in jede M der Vor-Rd (= 36 M).
14. Rd:18x 1 M ihM abn (= 18 M).
Gesicht gestalten (siehe ab Seite 18) und den Körper mit Füllwatte ausstopfen.
15. Rd: 9x 1 M abn (= 9 M).
16. Rd: * 1 fM, 1 M abn *, von * bis * noch 2x wdh (= 6 M).
Den Faden abschneiden und mithilfe einer Woll-Nd durch alle 6 M fädeln. Anschließend die Öffnung zuziehen, den Faden sichern und im Inneren des Häkelstücks verstecken.

TENTAKEL (6X)

1. Rd: In Lila 6 fM in einen Magic Ring häkeln (= 6 M).
2. Rd: * 1 fM, 1 M zun *, von * bis * noch 2x wdh (= 9 M).
3. Rd: 1 fM in jede M der Vor-Rd (= 9 M).
4. Rd: * 1 fM, 1 M abn *, von * bis * noch 2x wdh (= 6 M).
5.–7. Rd: 1 fM in jede M der Vor-Rd (= 6 M).
Den Faden zum Annähen ca. 30 cm lang abschneiden. Die anderen Tentakel genauso arbeiten.

FERTIGSTELLEN

Zunächst einen Rand an den unteren Teil des Kraken häkeln, indem eine Rd fM in die äußeren M-Glieder der 14. Rd gehäkelt wird. Dann werden alle sechs Tentakel mit einfachen Überwendlingsstichen (siehe Seite 18) unten am „Bauch“ angenäht.

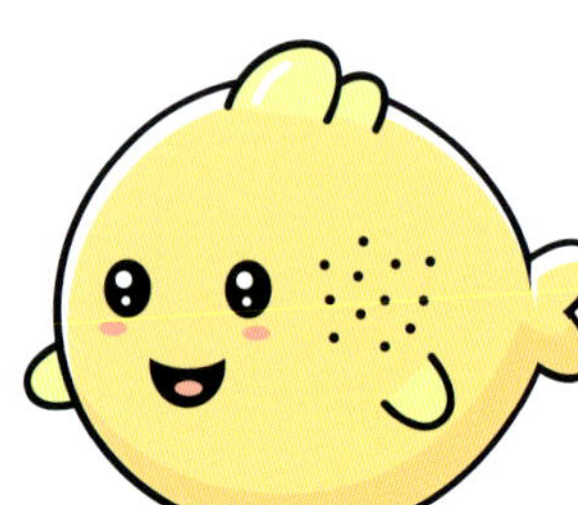

KUGELFISCH

MATERIAL

- *Schachenmayr Catania (100 % Baumwolle, LL 125 m/50 g) in Sand (Fb 404), ca. 20 g, und in Fuchs (Fb 426), Orchidee (Fb 222) und Schwarz (Fb 110), je einen Rest*
- *Sicherheitsaugen, Ø 6 mm*
- *Häkelnadel 3,0 mm*
- *Füllwatte*
- *Wollnadel*

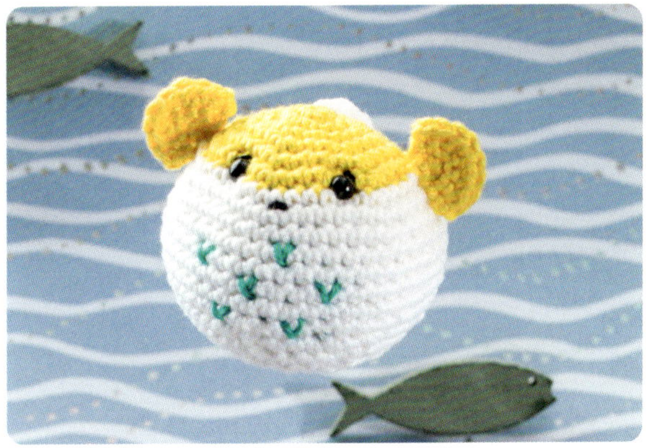

SO WIRD'S GEMACHT

Der Körper wird in Spiral-Rd, die Flossen in R gearbeitet.

KÖRPER

1. Rd: In Sonnengelb 6 fM in einen Magic Ring häkeln (= 6 M).
2. Rd: 6x 1 M zun (= 12 M).
3. Rd: * 1 fM, 1 M zun *, von * bis * noch 5x wdh (= 18 M).
4. Rd: * 2 fM, 1 M zun *, von * bis * noch 5x wdh (= 24 M).
5. Rd: * 3 fM, 1 M zun *, von * bis * noch 5x wdh (= 30 M).
6. Rd: * 4 fM, 1 M zun *, von * bis * noch 5x wdh (= 36 M).
Fb-Wechsel zu Weiß.
7. Rd: * 5 fM, 1 M zun *, von * bis * noch 5x wdh (= 42 M).
8.–14. Rd: 1 fM in jede M der Vor-Rd (= 42 M).
15. Rd: * 5 fM, 1 M abn *, von * bis * noch 5x wdh (= 36 M).
16. Rd: * 4 fM, 1 M abn *, von * bis * noch 5x wdh (= 30 M).
17. Rd: * 3 fM, 1 M abn *, von * bis * noch 5x wdh (= 24 M).
18. Rd: * 2 fM, 1 M abn *, von * bis * noch 5x wdh (= 18 M).
Gesicht gestalten (siehe ab Seite 18). Das Zackenmuster in Smaragd auf den Bauch sticken und den Faden im Inneren verknoten. Mit Füllwatte ausstopfen.
19. Rd: * 1 fM, 1 M abn *, von * bis * noch 5x wdh (= 12 M).
20. Rd: 6x 1 M abn (= 6 M).
Den Faden abschneiden und mithilfe einer Woll-Nd durch alle 6 M fädeln. Anschließend die Öffnung zuziehen, den Faden sichern und im Inneren des Häkelstücks verstecken.

SEITENFLOSSEN (2X)

Für die Seitenflossen in Sonnengelb 4 fM in einen Magic Ring häkeln, 1 Wende-Lm (= 4 M). Den Ring zuziehen und die Arbeit wenden.
1. R: 1 fM, 2x 1 M zun, 1 fM, 1 Wende-Lm (= 6 M).
2. R: 2 fM, 2x 1 M zun, 2 fM (= 8 M).
Den Faden zum Annähen ca. 20 cm lang abschneiden und durch die letzte Schlaufe nach unten zum Magic Ring durchziehen.
Die zweite Seitenflosse genauso arbeiten.

SCHWANZFLOSSE

Für die Schwanzflosse in Weiß 4 fM in einen Magic Ring häkeln, 1 Wende-Lm (= 4 M). Den Ring zuziehen und die Arbeit wenden. In die 2. M von der Nd aus einstechen und wie folgt häkeln:
1. R: 1 fM, 2x 1 M zun, 1 fM, 1 Wende-Lm (= 6 M).
2. R: 2 fM, 2x 1 M zun, 2 fM, 1 Wende-Lm (= 8 M).
3. R: 1 fM in jede M der Vor-R (= 8 M).
Den Faden zum Annähen ca. 20 cm lang abschneiden und nach unten zum Magic Ring durchziehen.

FERTIGSTELLEN

Alle nun folgenden Näharbeiten werden mit einfachen Überwendlingsstichen (siehe Seite 18) gearbeitet und die Fadenenden vernäht. Zunächst beide Seitenflossen je seitlich auf Höhe des Fb-Wechsels annähen. Die Schwanzflosse hinten etwas unterhalb des Fb-Wechsels annähen.

SCHATZTRUHE

MATERIAL

- *Woll Butt Camilla (100 % Baumwolle, LL 125 m/50 g) in Schoko, ca. 20 g, in Sonnengelb und Schwarz, je ca. 10 g, und in Grau und Weiß, je einen Rest*
- *Sicherheitsaugen, Ø 6 mm*
- *Häkelnadel 2,5 mm*
- *Füllwatte*
- *Wollnadel*
- *Stecknadeln*

SO WIRD'S GEMACHT

Die Schatztruhe besteht aus einem großen in R gehäkelten Rechteck, einem Deckel und einem schmalen Seiten- bzw. Bodensteg, ebenfalls aus R. Das Rechteck wird später mit dem Steg zusammengehäkelt und der Deckel hinten an die Truhe genäht. Das große Rechteck ist so angelegt, dass die gelbe mittige Wölbung später den Goldberg darstellt.

SCHATZTRUHE

Für die Truhe in Schoko eine Kette aus 21 Lm arbeiten. In R häkeln und nach jeder R die Arbeit wenden. In die 2. M von der Nd aus einstechen und wie folgt häkeln:
1. R: 1 fM in jede M der Lm-Kette, 1 Wende-Lm (= 20 M).
2.–8. R: 1 fM in jede M der Vor-R, 1 Wende-Lm (= 20 M).
Fb-Wechsel zu Sonnengelb.
9.–19. R: 1 fM in jede M der Vor-R, 1 Wende-Lm (= 20 M).
Fb-Wechsel zu Schoko.
20.–26. R: 1 fM in jede M der Vor-R, 1 Wende-Lm (= 20 M).
27. R: 19 fM, 1 Km (= 20 M).
Den Faden abschneiden und auf der Rückseite vernähen.

STEG

Für den Steg in Schoko eine Kette aus 7 Lm arbeiten. In R häkeln und nach jeder R die Arbeit wenden. In die 2. M von der Nd aus einstechen und wie folgt häkeln:
1. R: 5 fM, 1 M zun, 1 Wende-Lm (= 7 M).
2. R: 6 fM, 1 M zun, 1 Wende-Lm (= 8 M).
3. R: 7 fM, 1 M zun, 1 Wende-Lm (= 9 M).
4. R: 8 fM, 1 M zun, 1 Wende-Lm (= 10 M).
5.–31. R: 1 fM in jede M der Vor-R, 1 Wende-Lm (= 10 M).
32. R: 1 fM in jede M der Vor-R (= 10 M).
33. R: 1 M überspringen, 1 fM in jede M der Vor-R (= 9 M).
34. R: 1 M überspringen, 1 fM in jede M der Vor-R (= 8 M).
35. R: 1 M überspringen, 1 fM in jede M der Vor-R (= 7 M).
36. R: 1 M überspringen, 5 fM, 1 Km (= 6 M).
Beide Fäden auf der Rückseite vernähen.

DECKEL

Für den Deckel in Schoko eine Kette aus 21 Lm arbeiten. In R häkeln und nach jeder R die Arbeit wenden. In die 2. M von der Nd aus einstechen und wie folgt häkeln:
1. R: 1 fM in jede M der Lm-Kette, 1 Wende-Lm (= 20 M).
2.–13. R: 1 fM in jede M der Vor-R, 1 Wende-Lm (= 20 M).
14. R: 19 fM, 1 Km (= 20 M).
Den Faden abschneiden und auf der Rückseite vernähen.

SCHRAUBEN (2X)

1. Rd: In Grau 6 fM in einen Magic Ring häkeln (= 6 M).
Den Faden zum Annähen ca. 30 cm lang abschneiden.
Die zweite Schraube genauso arbeiten.

FERTIGSTELLEN

Alle nun folgenden Näharbeiten werden mit einfachen Überwendlingsstichen (siehe Seite 18) gearbeitet und die Fadenenden sorgfältig vernäht. Zunächst das Gesicht auf einer der beiden braunen Seiten des großen Rechtecks gestalten (siehe ab Seite 18). Dabei darauf achten, dass das Gesicht später richtig herum sitzt. Dann den Seiten- bzw. Bodensteg zwischen dem zusammengeklappten Rechteck mit Stecknadeln feststecken und mit Schwarz zusammenhäkeln. Dabei kurz vor dem Schließen mit Füllwatte ausstopfen. Anschließend die grauen Schrauben rechts und links in den beiden unteren Ecken der Truhe annähen. Zum Schluss den Deckel an drei Seiten ebenfalls mit einem Rand in Schwarz umhäkeln, mit wenigen Stichen ein kleines Schloss in Grau mittig an der Deckelkante aufsticken und den Deckel mit der randlosen Seite hinten leicht unterhalb der gelben Fläche festnähen.

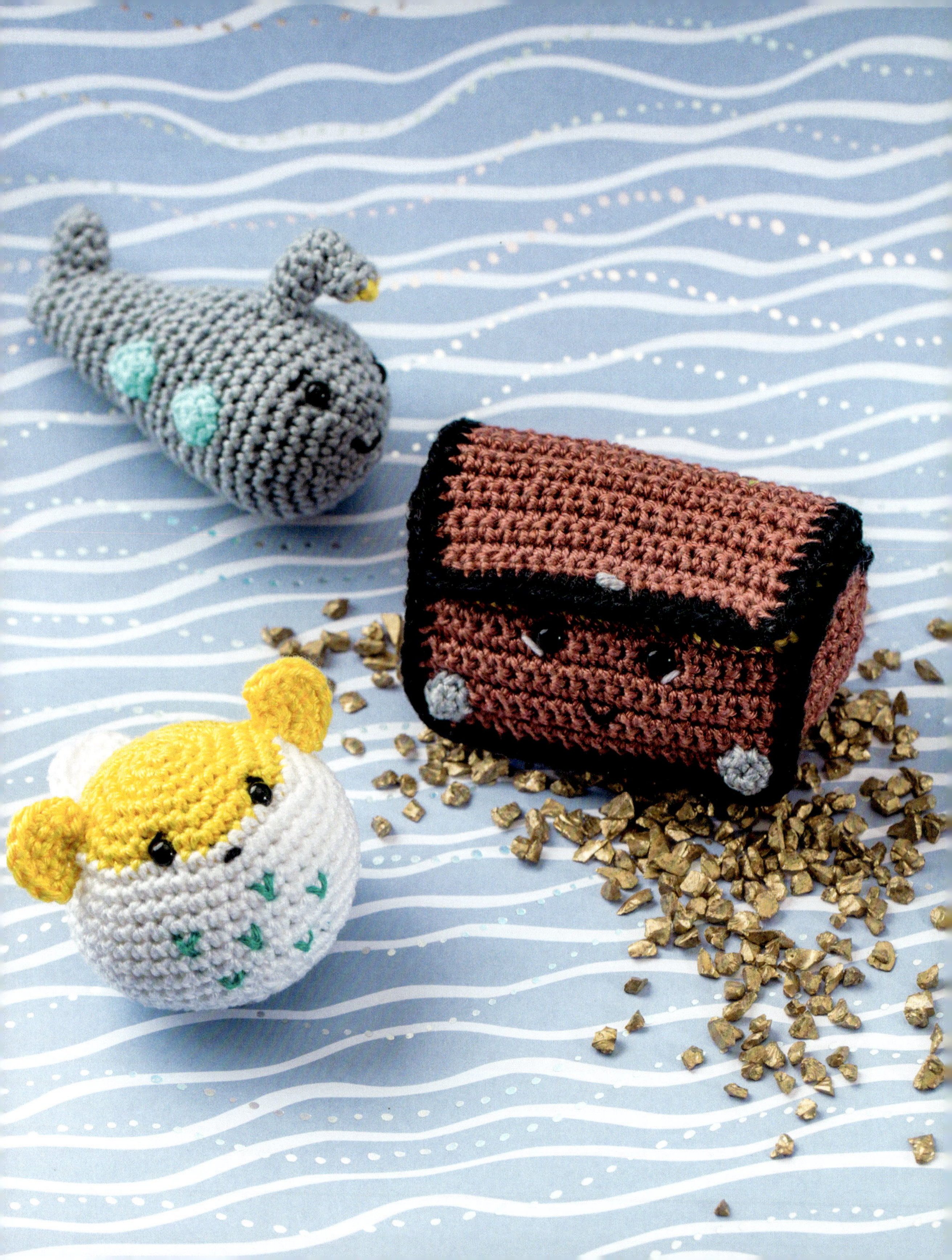

IN DER LUFT

FLUGZEUG

MATERIAL

- *Scheepjes Catona (100 % Baumwolle, LL 125 m/50 g) in Bluebell (Fb 173), ca. 20 g, in Snow White (Fb 106), Old Rose (Fb 408) und Jet Black (Fb 110), je einen Rest*
- *Sicherheitsaugen, Ø 6 mm*
- *Häkelnadel 3,0 mm*
- *Füllwatte*
- *Wollnadel*

SO WIRD'S GEMACHT

Alle Teile werden in Spiral-Rd gearbeitet und anschließend zusammengenäht.

FLUGZEUGRUMPF

1. Rd: Häkeln Sie in Snow White 6 fM in einen Magic Ring (= 6 M).
2. Rd: 6x 1 M zun (= 12 M).
3. Rd: * 1 fM, 1 M zun *, von * bis * noch 5x wdh (= 18 M).
4. Rd: 1 fM in jede M der Vor-Rd (= 18 M).
5. Rd: * 2 fM, 1 M zun *, von * bis * noch 5x wdh (= 24 M).
Fb-Wechsel zu Bluebell.
6. Rd: 1 fM in jede M der Vor-Rd (= 24 M).
7. Rd: * 3 fM, 1 M zun *, von * bis * noch 5x wdh (= 30 M).
8.–10. Rd: 1 fM in jede M der Vor-Rd (= 30 M).
11. Rd: * 3 fM, 1 M abn *, von * bis * noch 5x wdh (= 24 M).
Gesicht gestalten (siehe ab Seite 18).
12.–14. Rd: 1 fM in jede M der Vor-Rd (= 24 M).
15. Rd: * 2 fM, 1 M abn *, von * bis * noch 5x wdh (= 18 M).
16.–19. Rd: 1 fM in jede M der Vor-Rd (= 18 M). Mit Füllwatte ausstopfen.
20. Rd: * 1 fM, 1 M abn *, von * bis * noch 5x wdh (= 12 M).
21.–23. Rd: 1 fM in jede M der Vor-Rd (= 12 M).
24. Rd: 6x 1 M abn (= 6 M).
Den Faden abschneiden und mithilfe einer Woll-Nd durch alle 6 M fädeln. Anschließend die Öffnung zuziehen, den Faden sichern und im Inneren des Häkelstücks verstecken.

TRAGFLÄCHEN (2X)

1. Rd: Häkeln Sie in Buebell 6 fM in einen Magic Ring (= 6 M).
2. Rd: 6x 1 M zun (= 12 M).
3.–4. Rd: 1 fM in jede M der Vor-Rd (= 12 M).
5. Rd: * 1 fM, 1 M zun *, von * bis * noch 5x wdh (= 18 M).
6.–7. Rd: 1 fM in jede M der Vor-Rd (= 18 M).
Den Faden zum Annähen ca. 30 cm lang abschneiden!
Die zweite Tragfläche genauso arbeiten.

HECKFLÜGEL

1. Rd: Häkeln Sie in Bluebell 4 fM in einen Magic Ring (= 4 M).
2. Rd: * 1 fM, 1 M zun *, von * bis * noch 1x wdh (= 6 M).
3. Rd: * 1 fM, 1 M zun *, von * bis * noch 2x wdh (= 9 M).
4. Rd: 1 fM in jede M der Vor-Rd (= 9 M).
5. Rd: * 2 fM, 1 M zun *, von * bis * noch 2x wdh (= 12 M).
Den Faden zum Annähen ca. 30 cm lang abschneiden!

BÄCKCHEN (2X)

1. Rd: Häkeln Sie in Old Rose 4 fM in einen Magic Ring (= 4 M).
Den Faden zum Annähen ca. 30 cm lang abschneiden.
Das zweite Bäckchen genauso arbeiten.

FERTIGSTELLEN

Alle nun folgenden Näharbeiten werden mit einfachen Überwendlingsstichen (siehe Seite 18) gearbeitet und die Fadenenden sorgfältig vernäht. Zunächst die Tragflächen je seitlich und leicht unterhalb der Hälfte annähen. Dann den Heckflügel hinten auf das Flugzeugende nähen.

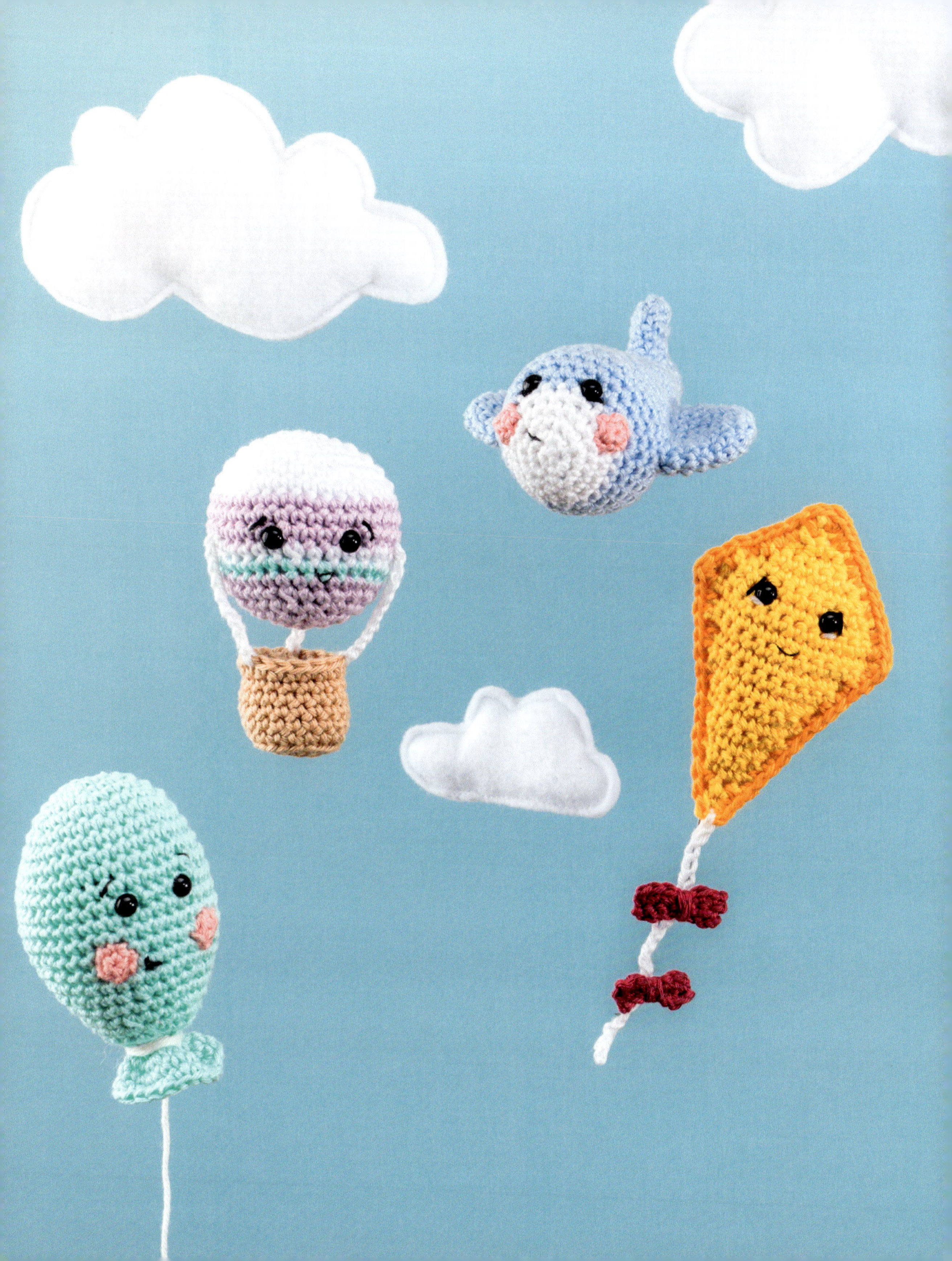

HERBSTDRACHEN

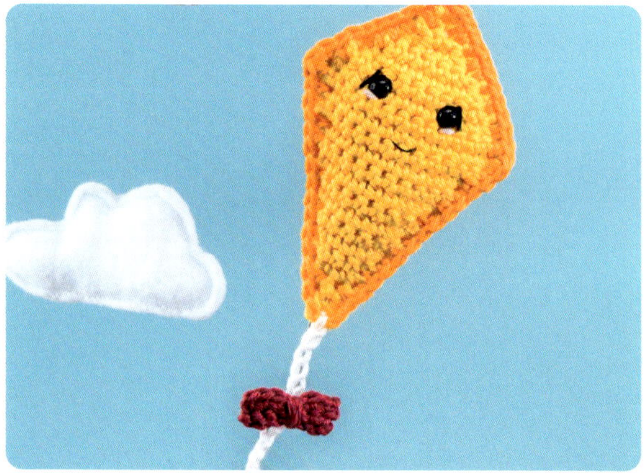

MATERIAL

- *Scheepjes Catona (100 % Baumwolle, LL 125 m/50 g) in Yellow Gold (Fb 208), ca. 10 g, und in Tangerine (Fb 281), Scarlet (Fb 192), Snow White (Fb 106) und Jet Black (Fb 110), je einen Rest*
- *Sicherheitsaugen, Ø 6 mm*
- *Häkelnadel 3,0 mm*
- *Füllwatte*
- *Wollnadel*

SO WIRD'S GEMACHT

Der Herbstdrachen besteht aus Vorder- und Rückseite, jeweils in R gehäkelt, die später zusammengehäkelt werden. Gesicht und Details werden nur auf der Vorderseite ausgestaltet. Schleifen und Schnur werden mit Lm-Ketten gearbeitet.

DRACHEN (2X)

Für die Vorderseite in Yellow Gold eine Kette aus 2 Lm arbeiten. In R häkeln und nach jeder R die Arbeit wenden. In die 2. M von der Nd aus einstechen und wie folgt häkeln:
1. R: 1 M zun, 1 Wende-Lm (= 2 M).
2. R: 1 M zun, 1 Wende-Lm (= 3 M).
3. R: 2 fM, 1 M zun, 1 Wende-Lm (= 4 M).
4. R: 3 fM, 1 M zun, 1 Wende-Lm (= 5 M).
5. R: 4 fM, 1 M zun, 1 Wende-Lm (= 6 M).
6. R: 5 fM, 1 M zun, 1 Wende-Lm (= 7 M).
7. R: 6 fM, 1 M zun, 1 Wende-Lm (= 8 M).
8. R: 7 fM, 1 M zun, 1 Wende-Lm (= 9 M).
9. R: 8 fM, 1 M zun, 1 Wende-Lm (= 10 M).
10. R: 9 fM, 1 M zun, 1 Wende-Lm (= 11 M).
11. R: 10 fM, 1 M zun, 1 Wende-Lm (= 12 M).
12. R: 11 fM, 1 M zun, 1 Wende-Lm (= 13 M).
13. R: 12 fM, 1 M zun, 1 Wende-Lm (= 14 M).
14. R: 1 M abn, 10 fM, 1 M abn, 1 Wende-Lm (= 12 M).
15. R: 1 M abn, 8 fM, 1 M abn, 1 Wende-Lm (= 10 M).
16. R: 1 M abn, 6 fM, 1 M abn, 1 Wende-Lm (= 8 M).
17. R: 1 M abn, 4 fM, 1 M abn, 1 Wende-Lm (= 6 M).
18. R: 1 M abn, 2 fM, 1 M abn, 1 Wende-Lm (= 4 M).
19. R: 2x 1 M abn, 1 Wende-Lm (= 2 M).
20. R: 1 M überspringen, 1 fM (= 1 M).
Den Faden auf der Rückseite vernähen.
Die Rückseite genauso arbeiten.

SCHLEIFEN (2X)

Für die Schleife eine Kette aus 7 Lm in Scarlet arbeiten. In die 2. M von der Nd aus einstechen und wie folgt häkeln:
1. R (Hin-R): 1 fM in jede M der Lm-Kette (= 6 M).
Den Faden zum Annähen ca. 40 cm lang abschneiden.
Den Anfangsfaden abschneiden und vernähen.
Die andere Schleife genauso arbeiten.

FERTIGSTELLEN

Zunächst das Gesicht auf der Vorderseite gestalten (siehe ab Seite 18). Dann die beiden Seiten mit Tangerine zusammenhäkeln (siehe Seite 17) und kurz vor dem Schließen etwas mit Füllwatte stopfen. Beide Fadenenden vernähen. Anschließend eine Kette aus 20 Lm in Weiß direkt an das untere Ende des Drachens häkeln und beide Fadenenden vernähen. Zum Schluss die Schleifen in der Mitte mit dem Restfaden mehrfach umwickeln und auf der weißen Schnur festnähen. Alle Fadenenden vernähen.

LUFTBALLON

MATERIAL

- *Scheepjes Catona (100 % Baumwolle, LL 125 m/50 g) in Chrystalline (Fb 385), ca. 20 g, und in Snow White (Fb 106), Old Rose (Fb 408) und Jet Black (Fb 110), je einen Rest*
- *Sicherheitsaugen, Ø 6 mm*
- *Häkelnadel 3,0 mm*
- *Füllwatte*
- *Wollnadel*

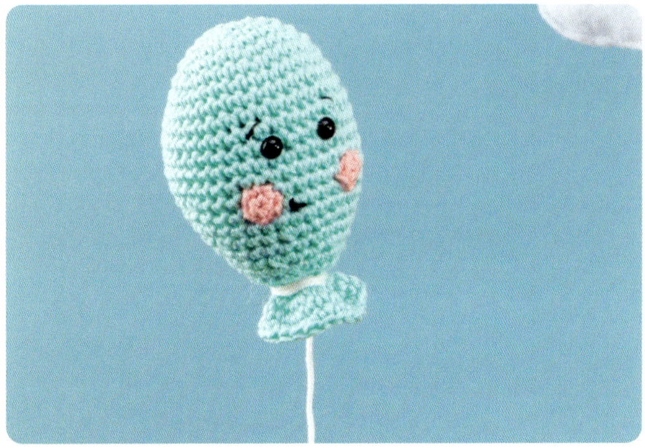

SO WIRD'S GEMACHT

Der Ballon wird in Spiral-Rd gearbeitet und anschließend mit einem Faden als Leine versehen.

BALLON

1. Rd: In Chrystalline 6 fM in einen Magic Ring häkeln (= 6 M).
2. Rd: 6x 1 M zun (= 12 M).
3. Rd: * 1 fM, 1 M zun *, von * bis * noch 5x wdh (= 18 M).
4. Rd: * 2 fM, 1 M zun *, von * bis * noch 5x wdh (= 24 M).
5. Rd: * 3 fM, 1 M zun *, von * bis * noch 5x wdh (= 30 M).
6. Rd: * 4 fM, 1 M zun *, von * bis * noch 5x wdh (= 36 M).
7.–13. Rd: 1 fM in jede M der Vor-Rd (= 36 M).
14. Rd: * 4 fM, 1 M abn *, von * bis * noch 5x wdh (= 30 M).
15. und 16. Rd: 1 fM in jede M der Vor-Rd (= 30 M).
17. Rd: * 3 fM, 1 M abn *, von * bis * noch 5x wdh (= 24 M).
18. Rd: 1 fM in jede M der Vor-Rd (= 24 M).
19. Rd: * 2 fM, 1 M abn *, von * bis * noch 5x wdh (= 18 M).
Gesicht gestalten (siehe ab Seite 18) und den Ballon mit Füllwatte ausstopfen.
20. und 21. Rd: 1 fM in jede M der Vor-Rd (= 18 M).
22. Rd: * 1 fM, 1 M abn *, von * bis * noch 5x wdh (= 12 M).
23. Rd: 1 fM in jede M der Vor-Rd (= 12 M).
24. Rd: 12x 1 M zun (= 24 M).
25. und 26. Rd: 1 fM in jede M der Vor-Rd (= 24 M).
Den Faden abschneiden und im Inneren des Häkelstücks verstecken.

BÄCKCHEN (2X)

1. Rd: In Old Rose 4 fM in einen Magic Ring häkeln (= 4 M). Den Faden zum Annähen ca. 30 cm lang abschneiden. Das zweite Bäckchen genauso arbeiten.

FERTIGSTELLEN

Einen Faden in Snow White um die Engstelle unten am Ballon wickeln, zuziehen und festknoten. Das kurze Ende vernähen.

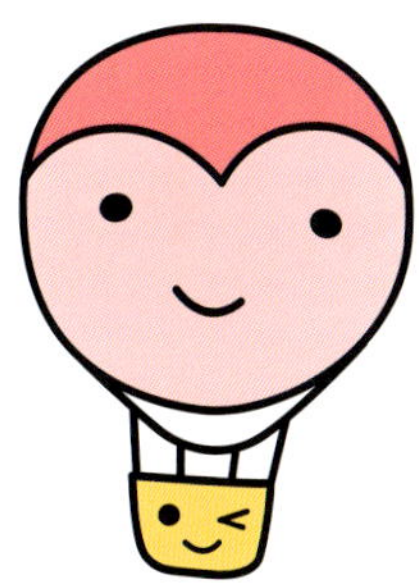

HEISSLUFTBALLON

MATERIAL

- *Scheepjes Catona (100 % Baumwolle, LL 125 m/50 g) in Snow White (Fb 106), Light Orchid (Fb 226) und in Camel (Fb 502), je ca. 10 g, und in Chrystalline (Fb 385) und Jet Black (Fb 110), je einen Rest*
- *Sicherheitsaugen, Ø 6 mm*
- *Häkelnadel 3,0 mm*
- *Füllwatte*
- *Wollnadel*

SO WIRD'S GEMACHT

Alle Teile werden in Spiral-Rd gearbeitet und anschließend zusammengenäht. Als Schnüre werden Lm-Ketten direkt an den Ballon gehäkelt und mit dem Korb verbunden.

BALLON

1. Rd: In Snow White 6 fM in einen Magic Ring häkeln (= 6 M).
2. Rd: 6x 1 M zun (= 12 M).
3. Rd: * 1 fM, 1 M zun *, von * bis * noch 5x wdh (= 18 M).
4. Rd: * 2 fM, 1 M zun *, von * bis * noch 5x wdh (= 24 M).
5. Rd: * 3 fM, 1 M zun *, von * bis * noch 5x wdh (= 30 M).
6. Rd: * 4 fM, 1 M zun *, von * bis * noch 5x wdh (= 36 M).
7. Rd: 1 fM in jede M der Vor-Rd (= 36 M).
Fb-Wechsel zu Light Orchid.
8.-10. Rd: 1 fM in jede M der Vor-Rd (= 36 M).
Fb-Wechsel zu Snow White.
11. Rd: * 4 fM, 1 M abn *, von * bis * noch 5x wdh (= 30 M).
Fb-Wechsel zu Chrystalline.
12. Rd: 1 fM in jede M der Vor-Rd (= 30 M).
Fb-Wechsel zu Light Orchid.
13. Rd: 1 fM in jede M der Vor-Rd (= 30 M).
14. Rd: * 3 fM, 1 M abn *, von * bis * noch 5x wdh (= 24 M).
15. Rd: * 2 fM, 1 M abn *, von * bis * noch 5x wdh (= 18 M).
Gesicht gestalten (siehe ab Seite 18) und den Ballon mit Füllwatte ausstopfen.
16. Rd: * 1 fM, 1 M abn *, von * bis * noch 5x wdh (= 12 M).
17. Rd: 6x 1 M abn (= 6 M).
Den Faden abschneiden und mithilfe einer Woll-Nd durch alle 6 M fädeln. Anschließend die Öffnung zuziehen, den Faden sichern und im Inneren des Häkelstücks verstecken.

KORB

1. Rd: In Camel 6 fM in einen Magic Ring häkeln (= 6 M).
2. Rd: 6x 1 M zun (= 12 M).
3. Rd: * 1 fM, 1 M zun *, von * bis * noch 5x wdh (= 18 M).
4. Rd: 1 fM ihM jeder M der Vor-Rd (= 18 M).
5.-8. Rd: 1 fM in jede M der Vor-Rd (= 18 M).
Den Faden abschneiden und vernähen.

KORBDECKEL

1. Rd: In Camel 6 fM in einen Magic Ring häkeln (= 6 M).
2. Rd: 6x 1 M zun (= 12 M).
3. Rd: * 1 fM, 1 M zun *, von * bis * noch 5x wdh (= 18 M).
Den Faden nicht abschneiden, sondern weiter nutzen zum Zusammenhäkeln. Danach den Faden abschneiden und vernähen.

FERTIGSTELLEN

Den Korbdeckel mit dem Korb zusammenhäkeln (siehe Seite 17). Dabei den Korb kurz vor dem Schließen mit Füllwatte stopfen. Dann auf Höhe der 8. Rd jeweils seitlich vom Gesicht und hinten mittig insgesamt drei Ketten aus je 10 Lm häkeln. Diese jeweils in gleichmäßigen Abständen mit dem Korb verbinden, d.h. mit einer Masche an den Korbrand häkeln und alle Fadenenden vernähen.

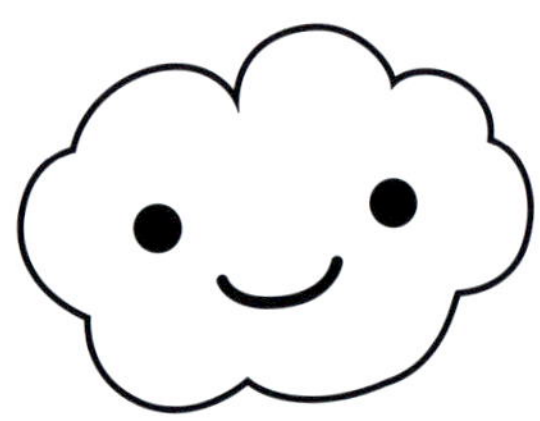

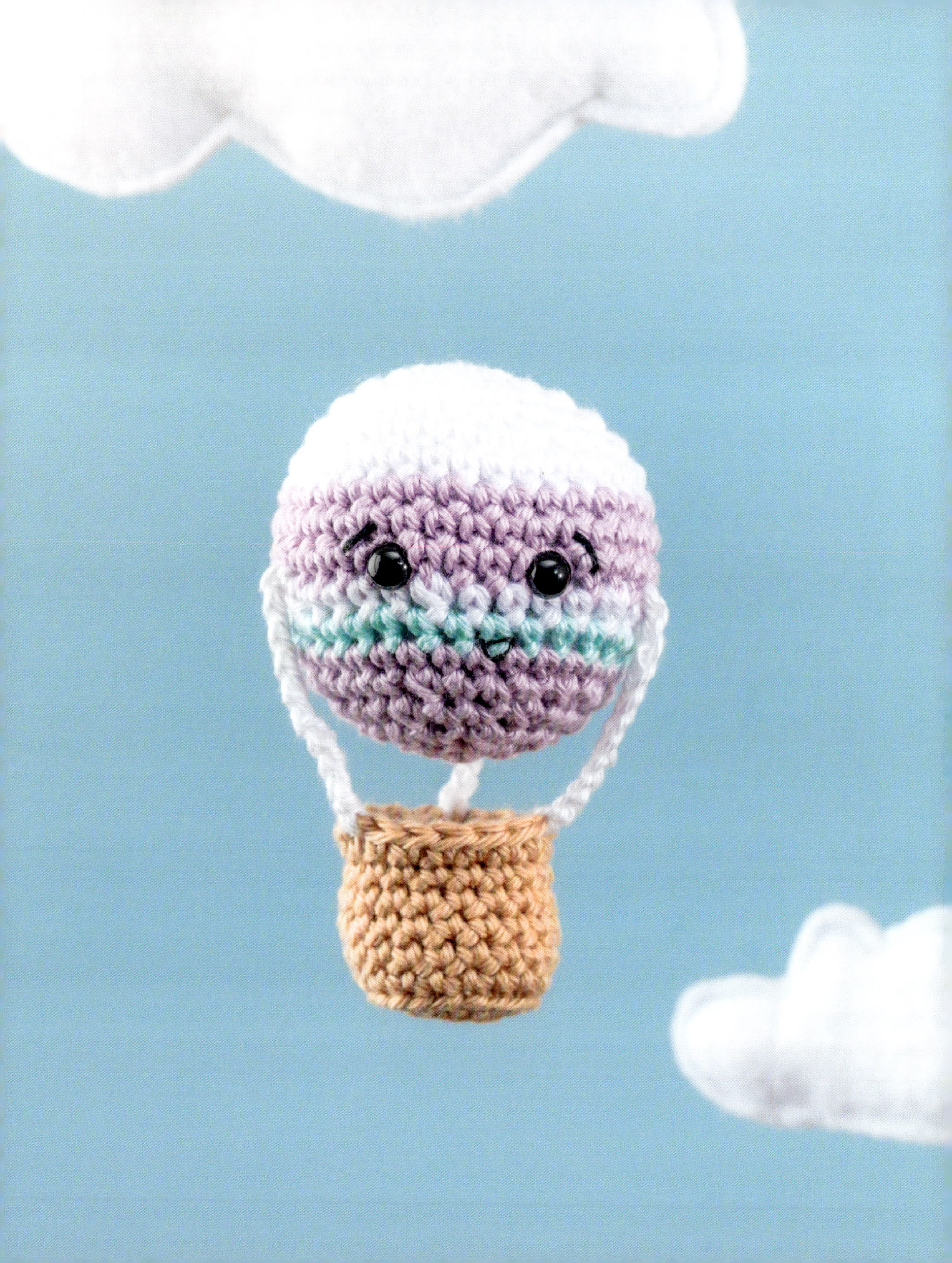

HALLOWEEN

KÜRBIS

MATERIAL

- *Scheepjes Catona (100 % Baumwolle, LL 125 m/50 g) in Tangerine (Fb 281), ca. 10 g, und in Sage Green (Fb 212), Black Coffee (Fb 162), Royal Orange (Fb 189) und Jet Black (Fb 110), je einen Rest*
- *Sicherheitsaugen, Ø 5 mm*
- *Häkelnadel 3,0 mm*
- *Füllwatte*
- *Wollnadel*

SO WIRD'S GEMACHT

Alle Teile werden einzeln in Spiral-Rd gearbeitet und anschließend zusammengenäht.

KÜRBIS

1. Rd: In Tangerine 6 fM in einen Magic Ring häkeln (= 6 M).
2. Rd: 6x 1 M zun (= 12 M).
3. Rd: * 1 fM, 1 M zun *, von * bis * noch 5x wdh (= 18 M).
4. Rd: * 2 fM, 1 M zun *, von * bis * noch 5x wdh (= 24 M).
5. Rd: * 3 fM, 1 M zun *, von * bis * noch 5x wdh (= 30 M).
6. Rd: * 4 fM, 1 M zun *, von * bis * noch 5x wdh (= 36 M).
7.–14. Rd: 1 fM in jede M der Vor-Rd (= 36 M).
15. Rd: * 4 fM, 1 M abn *, von * bis * noch 5x wdh (= 30 M).
16. Rd: * 3 fM, 1 M abn *, von * bis * noch 5x wdh (= 24 M).
17. Rd: * 2 fM, 1 M abn *, von * bis * noch 5x wdh (= 18 M).
Gesicht gestalten (siehe ab Seite 18) und leicht mit Füllwatte ausstopfen.
18. Rd: * 1 fM, 1 M abn *, von * bis * noch 5x wdh (= 12 M).
19. Rd: 6x 1 M abn (= 6 M).
Den Faden abschneiden und mithilfe einer Woll-Nd durch alle 6 M fädeln. Anschließend die Öffnung zuziehen, den Faden sichern und im Inneren des Häkelstücks verstecken.

STIEL

1. Rd: In Black Coffee 4 fM in einen Magic Ring häkeln (= 4 M).
2. Rd: 1 fM in jede M der Vor-Rd (= 4 M).
3. Rd: * 1 fM, 1 M zun *, von * bis * noch 1x wdh (= 6 M).
4. und 5. Rd: 1 fM in jede M der Vor-Rd (= 6 M).
Den Faden zum Annähen ca. 30 cm lang abschneiden.

STÄNGEL

Für den Stängel eine Kette aus 12 Lm in Sage Green arbeiten. In die 2. M von der Nd aus einstechen und wie folgt häkeln: 2 fM in jede M der Lm-Kette (= 22 M).
Den Faden zum Annähen ca. 30 cm lang abschneiden.
Den Anfangsfaden vernähen.

BÄCKCHEN (2X)

In Royal Orange 4 fM in einen Magic Ring häkeln (= 4 M).
Den Faden zum Annähen ca. 30 cm lang abschneiden.
Das zweite Bäckchen genauso arbeiten.

FERTIGSTELLEN

Alle nun folgenden Näharbeiten werden mit einfachen Überwendlingsstichen (siehe Seite 18) gearbeitet und die Fadenenden sorgfältig vernäht. Zunächst mit einem Faden in Tangerine den leicht gestopften Kürbis in vier gleich große Segmente teilen. Dazu den Faden von unten mittig in den Kürbis stechen (etwas Restfaden hängen lassen), oben mittig wieder herauskommen und den Faden einmal von oben nach unten über den Kürbis ziehen. Wieder unten einstechen, oben rauskommen und den Faden dabei fest anziehen, sodass er den Kürbis einkerbt. Diesen Vorgang noch dreimal in gleichmäßigen Abständen wiederholen. Die Fadenenden miteinander verknoten und im Kürbis verstecken. Dann den Stiel und den Stängel mittig oben in der Mulde annähen.

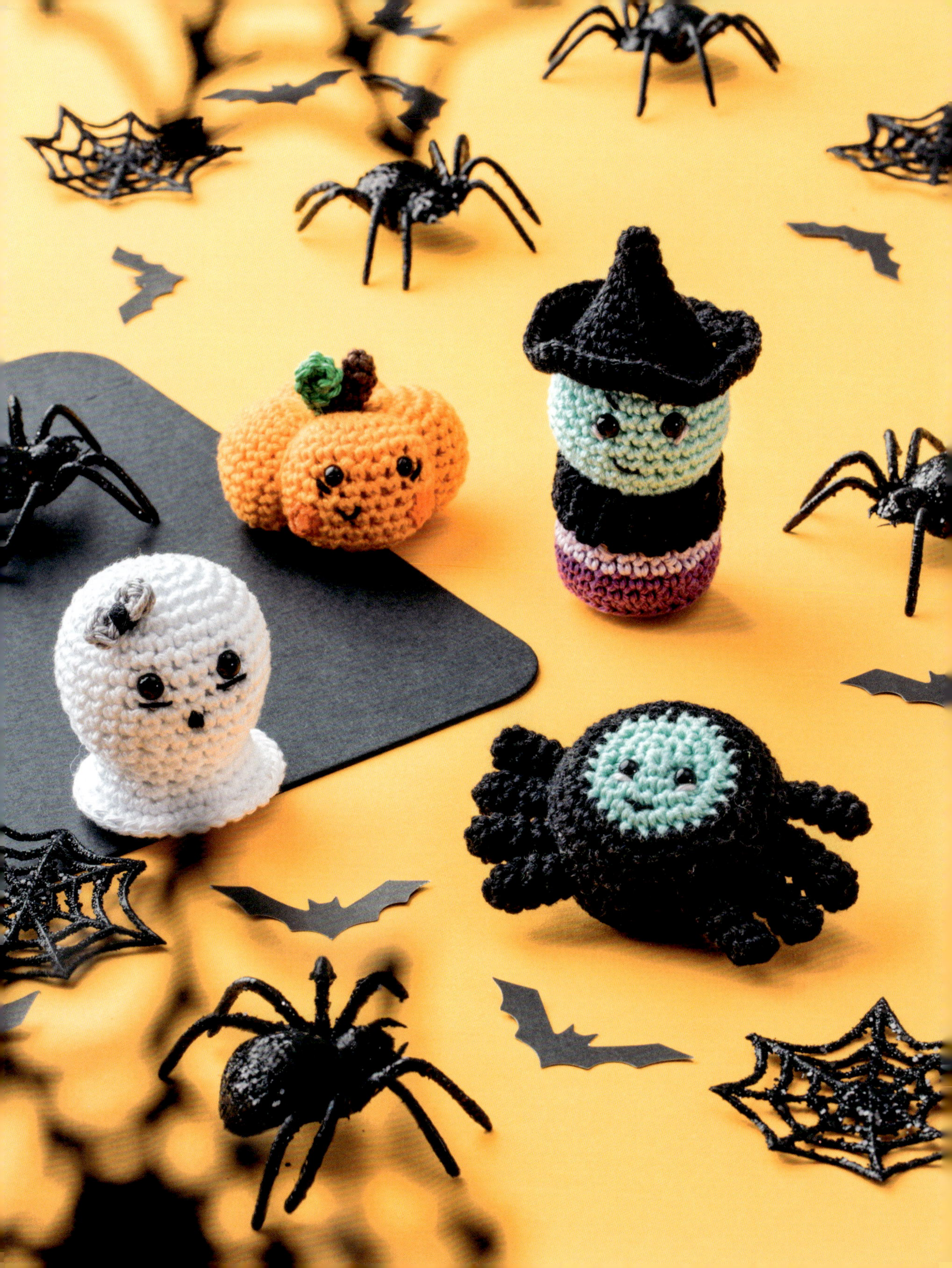

GEIST

MATERIAL

- *Scheepjes Catona (100 % Baumwolle, LL 125 m/50 g) in Snow White (Fb 106), ca. 20 g, und in Mercury (Fb 074) und Jet Black (Fb 110), je einen Rest*
- *Sicherheitsaugen, Ø 6 mm*
- *Häkelnadel 3,0 mm*
- *Füllwatte*
- *Wollnadel*

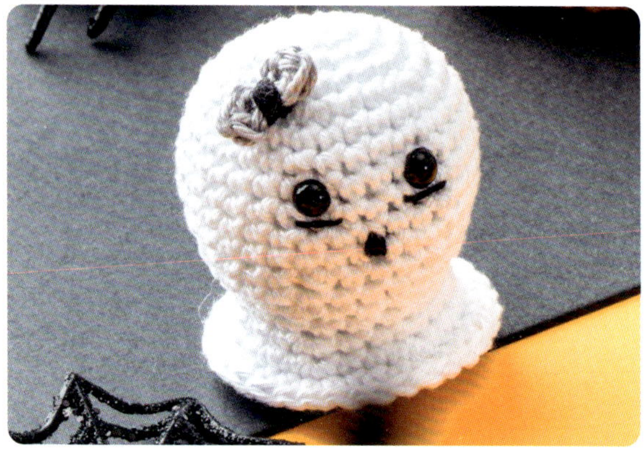

SO WIRD'S GEMACHT

Alle Teile werden einzeln in Spiral-Rd gearbeitet und anschließend zusammengenäht. Die Schleife wird in R gearbeitet.

GEIST

1. Rd: In Snow White 6 fM in einen Magic Ring häkeln (= 6 M).
2. Rd: 6x 1 M zun (= 12 M).
3. Rd: * 1 fM, 1 M zun *, von * bis * noch 5x wdh (= 18 M).
4. Rd: * 2 fM, 1 M zun *, von * bis * noch 5x wdh (= 24 M).
5. Rd: * 3 fM, 1 M zun *, von * bis * noch 5x wdh (= 30 M).
6.–11. Rd: 1 fM in jede M der Vor-Rd (= 30 M).
12. Rd: * 3 fM, 1 M abn *, von * bis * noch 5x wdh (= 24 M).
13. Rd: 1 fM in jede M der Vor-Rd (= 24 M).
14. Rd: * 2 fM, 1 M abn *, von * bis * noch 5x wdh (= 18 M).
15. Rd: 1 fM in jede M der Vor-Rd (= 18 M).
16. Rd: * 2 fM, 1 M zun *, von * bis * noch 5x wdh (= 24 M).
17. Rd: * 3 fM, 1 M zun *, von * bis * noch 5x wdh (= 30 M).
Den Faden abschneiden und auf der Innenseite vernähen.

SCHLEIFE

Für die Schleife eine Kette aus 4 Lm in Mercury arbeiten. In die 2. M von der Nd aus einstechen und wie folgt häkeln:
1. Rd: 2 fM, 3 fM in die nächste M, weiter auf der anderen Seite der Lm-Kette mit 2 fM, 3 fM in die nächste M (= 10 M).
Den Faden abschneiden und vernähen.

GEISTERBODEN

1. Rd: In Snow White 6 fM in einen Magic Ring häkeln (= 6 M).
2. Rd: 6x 1 M zun (= 12 M).
3. Rd: * 1 fM, 1 M zun *, von * bis * noch 5x wdh (= 18 M).
4. Rd: * 2 fM, 1 M zun *, von * bis * noch 5x wdh (= 24 M).
5. Rd: * 3 fM, 1 M zun *, von * bis * noch 5x wdh (= 30 M).
Den Faden nicht abschneiden, sondern weiternutzen zum Zusammenhäkeln. Danach den Faden abschneiden und vernähen.

FERTIGSTELLEN

Alle nun folgenden Näharbeiten werden mit einfachen Überwendlingsstichen (siehe Seite 18) gearbeitet und die Fadenenden sorgfältig vernäht. Zunächst das Gesicht im Geisterkörper ausgestalten (siehe ab Seite 18). Dann den Geisterboden mit dem offenen Rand des Körpers zusammenhäkeln (siehe Seite 17), dabei den Körper kurz vor dem Schließen mit Füllwatte stopfen. Einen schwarzen Faden mehrfach um die Mitte der Schleife wickeln, beide Fadenenden verknoten, ein Fadenende vernähen und mit dem anderen die Schleife seitlich oben am Kopf festnähen.

SPINNE

MATERIAL

- *Scheepjes Catona (100 % Baumwolle, LL 125 m/50 g) in Jet Black (Fb 110), ca. 20 g, und in Chrystalline (Fb 385) und Icy Pink (Fb 246), je einen Rest*
- *Sicherheitsaugen, Ø 5 mm*
- *Häkelnadel 3,0 mm*
- *Füllwatte*
- *Wollnadel*

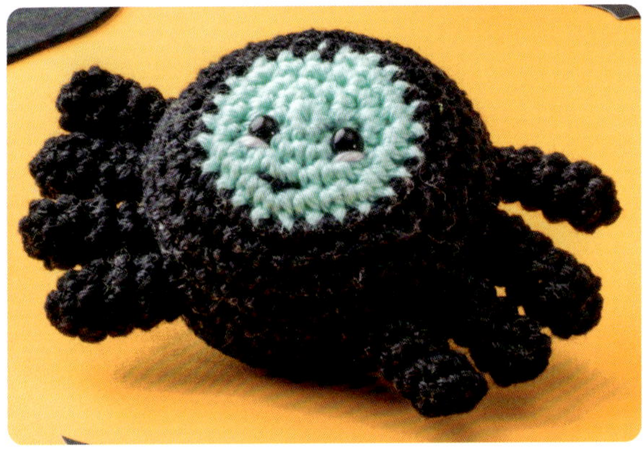

SO WIRD'S GEMACHT

Alle Teile werden einzeln in Spiral-Rd gearbeitet und anschließend zusammengenäht.

KÖRPER

1. Rd: In Chrystalline 6 fM in einen Magic Ring häkeln (= 6 M).
2. Rd: 6x 1 M zun (= 12 M).
3. Rd: * 1 fM, 1 M zun *, von * bis * noch 5x wdh (= 18 M).
4. Rd: * 2 fM, 1 M zun *, von * bis * noch 5x wdh (= 24 M).
5. Rd: * 3 fM, 1 M zun *, von * bis * noch 5x wdh (= 30 M).
Fb-Wechsel zu Jet Black.
6. Rd: * 4 fM, 1 M zun *, von * bis * noch 5x wdh (= 36 M).
7.–11. Rd: 1 fM in jede M der Vor-Rd (= 36 M).
12. Rd: * 4 fM, 1 M abn * ihM jeder M der Vor-Rd, von * bis * noch 5x wdh (= 30 M)
13. Rd: * 3 fM, 1 M abn *, von * bis * noch 5x wdh (= 24 M).
14. Rd: * 2 fM, 1 M abn *, von * bis * noch 5x wdh (= 18 M).
Gesicht gestalten (siehe ab Seite 18) und den Körper mit Füllwatte ausstopfen.
15. Rd: * 1 fM, 1 M abn *, von * bis * noch 5x wdh (= 12 M).
16. Rd: 6x 1 M abn (= 6 M).
Den Faden abschneiden und mithilfe einer Woll-Nd durch alle 6 M fädeln. Anschließend die Öffnung zuziehen, den Faden sichern und im Inneren des Häkelstücks verstecken.

BEINE (8X)

1. Rd: In Jet Black 6 fM in einen Magic Ring häkeln (= 6 M).
2.–5. Rd: 1 fM in jede M der Vor-Rd (= 6 M).
Den Faden zum Annähen ca. 30 cm lang abschneiden.
Die anderen Beine genauso arbeiten.

FERTIGSTELLEN

Alle acht Beine werden mit einfachen Überwendlingsstichen (siehe Seite 18) direkt nebeneinander seitlich an den Spinnenkörper genäht.

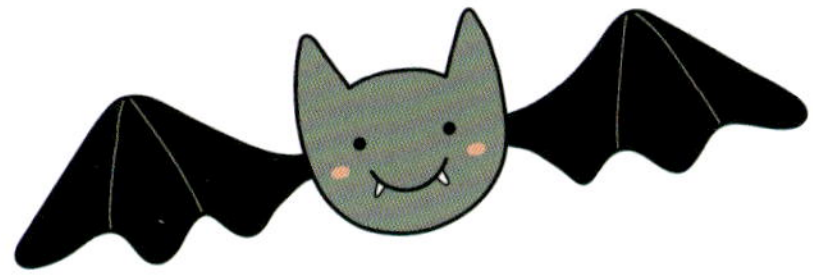

HEXE

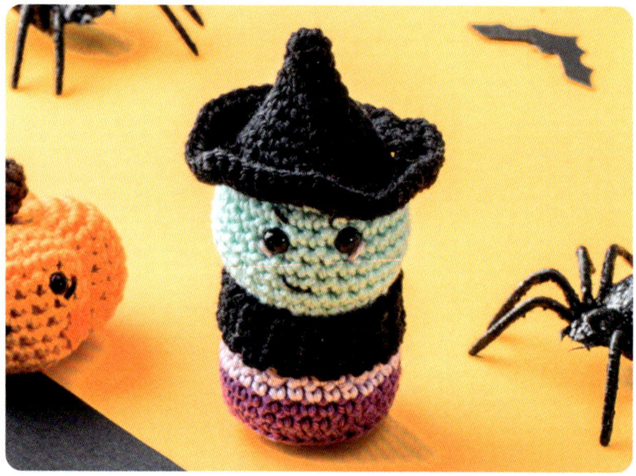

MATERIAL

- *Scheepjes Catona (100 % Baumwolle, LL 125 m/50 g) in Chrystalline (Fb 385), Jet Black (Fb 110) und Light Orchid (Fb 226), ca. 10 g, und in Ultra Violet (Fb 282) und Icy Pink (Fb 246), je einen Rest*
- *Sicherheitsaugen, Ø 6 mm*
- *Häkelnadel 3,0 mm*
- *Füllwatte*
- *Wollnadel*

SO WIRD'S GEMACHT

Alle Teile werden einzeln in Spiral-Rd gearbeitet und anschließend zusammengenäht.

KOPF

1. Rd: In Chrystalline 6 fM in einen Magic Ring häkeln (= 6 M).
2. Rd: 6x 1 M zun (= 12 M).
3. Rd: * 1 fM, 1 M zun *, von * bis * noch 5x wdh (= 18 M).
4. Rd: * 2 fM, 1 M zun *, von * bis * noch 5x wdh (= 24 M).
5. Rd: * 3 fM, 1 M zun *, von * bis * noch 5x wdh (= 30 M).
6.–11. Rd: 1 fM in jede M der Vor-Rd (= 30 M).
12. Rd: * 3 fM, 1 M abn *, von * bis * noch 5x wdh (= 24 M).
13. Rd: * 2 fM, 1 M abn *, von * bis * noch 5x wdh (= 18 M).
Gesicht gestalten (siehe ab Seite 18) und den Kopf mit Füllwatte ausstopfen.
14. Rd: * 1 fM, 1 M abn *, von * bis * noch 5x wdh (= 12 M).
15. Rd: 6x 1 M abn (= 6M).
Den Faden abschneiden und mithilfe einer Woll-Nd durch alle 6 M fädeln. Anschließend die Öffnung zuziehen, den Faden sichern und im Inneren des Häkelstücks verstecken.

KÖRPER

1. Rd: In Ultra Violet 6 fM in einen Magic Ring häkeln (= 6 M).
2. Rd: 6x 1 M zun (= 12 M).
3. Rd: * 1 fM, 1 M zun *, von * bis * noch 5x wdh (= 18 M).
4. Rd: * 2 fM, 1 M zun *, von * bis * noch 5x wdh (= 24 M).
5. Rd: * 3 fM, 1 M zun *, von * bis * noch 5x wdh (= 30 M).
6. Rd: 1 fM ihM jeder M der Vor-Rd (= 30 M).
7. und 8. Rd: 1 fM in jede M der Vor-Rd (= 30 M).
Fb-Wechsel zu Light Orchid.
9. Rd: 1 fM in jede M der Vor-Rd (= 30 M).
10. Rd: * 3 fM, 1 M abn *, von * bis * noch 5x wdh (= 24 M).
11. und 12. Rd: 1 fM in jede M der Vor-Rd (= 24 M).
13. Rd: * 2 fM, 1 M abn *, von * bis * noch 5x wdh (= 18 M).
14. Rd: 1 fM in jede M der Vor-Rd (= 18 M).
Mit Füllwatte ausstopfen.
15. Rd: * 1 fM, 1 M abn *, von * bis * noch 5x wdh (= 12 M).
Den Faden zum Annähen ca. 30 cm lang abschneiden.

LOOP

Für den Loop eine Kette aus 4 Lm in Jet Black arbeiten. In R häkeln und nach jeder R die Arbeit wenden. In die 2. M von der Nd aus einstechen und wie folgt häkeln:
1. R: 1 fM in jede M der Lm-Kette, 1 Wende-Lm (= 3 M).
2.–29. R: 1 fM in jede M der Vor-R, 1 Wende-Lm (= 3 M).
30. R: 1 fM in jede M der Vor-R (= 3 M).
Den Faden zum Zusammennähen ca. 20 cm lang abschneiden. Den Anfangsfaden vernähen.

HUT

1. Rd: In Jet Black 4 fM in einen Magic Ring häkeln (= 4 M).
2. Rd: * 1 fM, 1 M zun *, von * bis * noch 1x wdh (= 6 M).
3. Rd: * 1 fM, 1 M zun *, von * bis * noch 2x wdh (= 9 M).
4. Rd: * 2 fM, 1 M zun *, von * bis * noch 2x wdh (= 12 M).
5. Rd: 1 fM in jede M der Vor-Rd (= 12 M).
6. Rd: * 1 fM, 1 M zun *, von * bis * noch 5x wdh (= 18 M).
7. und 8. Rd: 1 fM in jede M der Vor-Rd (= 18 M).
9. Rd: * 2 fM, 1 M zun *, von * bis * noch 5x wdh (= 24 M).
10. Rd: 1 fM in jede M der Vor-Rd (= 24 M).
11. Rd: 24x 1 M ivM zun (= 48 M).
12. Rd: 1 fM in jede M der Vor-Rd (= 48 M).
13. Rd: * 6 fM, 1 M zun *, von * bis * noch 5x wdh (= 54 M).
Den Faden zum Annähen ca. 40 cm lang abschneiden.

FERTIGSTELLEN

Alle nun folgenden Näharbeiten werden mit einfachen Überwendlingsstichen (siehe Seite 18) gearbeitet und die Fadenenden sorgfältig vernäht. Zunächst den Kopf mittig auf dem Körper annähen. Dann die Mütze am Kopf festnähen. Anschließend den Loop um den Hals legen und an den schmalen Seiten zusammennähen. Alle Fadenenden sorgfältig vernähen.

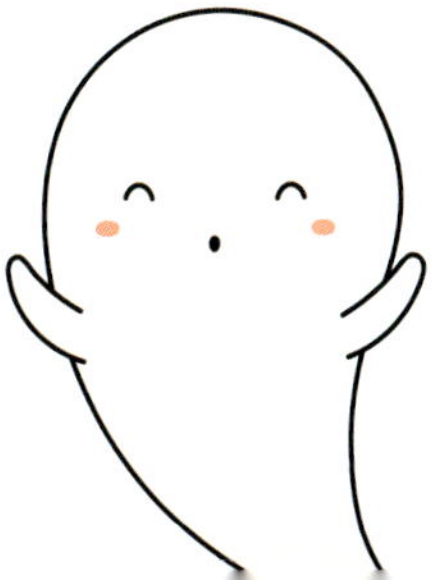

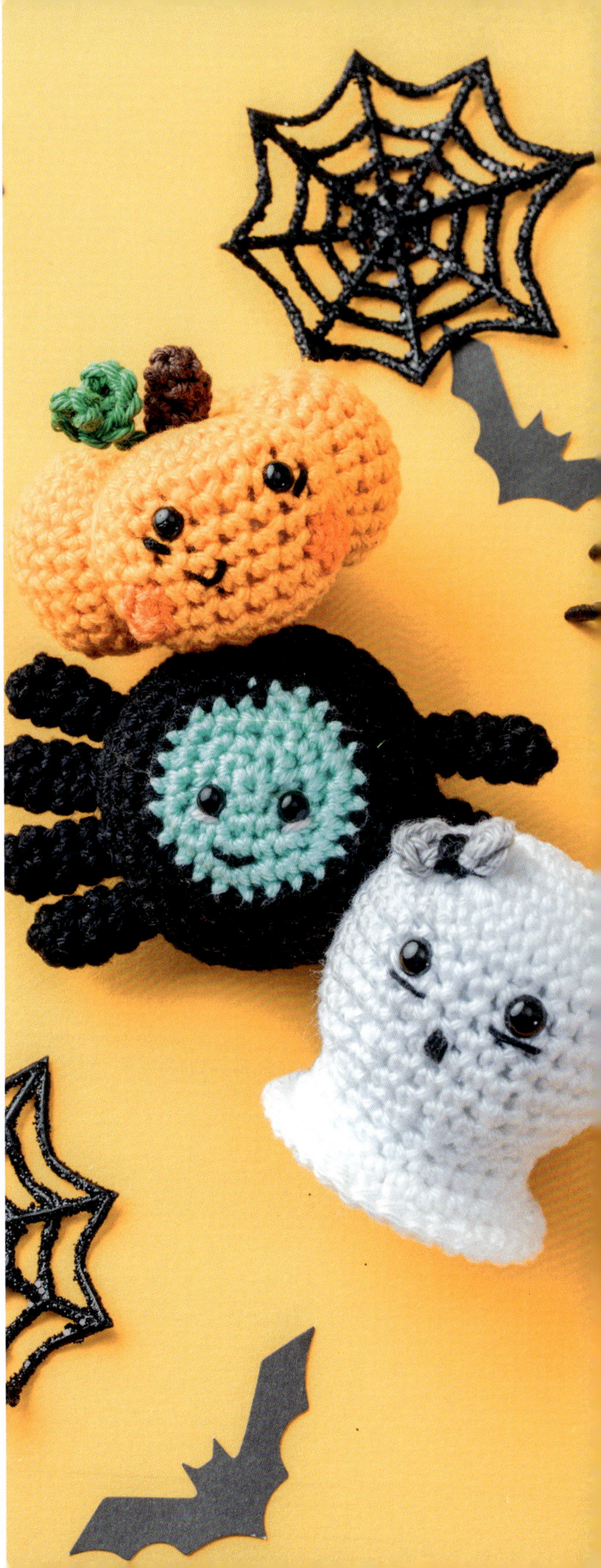

WEIHNACHTEN

KERZE

MATERIAL

- *Woll Butt Camilla (100 % Baumwolle, LL 125 m/50 g) in Weiß, ca. 10 g, und in Sonnengelb, Orange, Altrosa und Schwarz, je einen Rest*
- *Sicherheitsaugen, Ø 5 mm*
- *Häkelnadel 2,5 mm*
- *Füllwatte*
- *Wollnadel*

SO WIRD'S GEMACHT

Alle Teile werden in Spiral-Rd gearbeitet und anschließend zusammengenäht.

KERZE

1. Rd: In Weiß 6 fM in einen Magic Ring häkeln (= 6 M).
2. Rd: 6x 1 M zun (= 12 M).
3. Rd: * 1 fM, 1 M zun *, von * bis * noch 5x wdh (= 18 M).
4. Rd: * 2 fM, 1 M zun *, von * bis * noch 5x wdh (= 24 M).
5. Rd: * 3 fM, 1 M zun *, von * bis * noch 5x wdh (= 30 M).
6. Rd: 1 fM ihM jeder M der Vor-Rd (= 30 M).
7.–18. Rd: 1 fM in jede M der Vor-Rd (= 30 M).
Den Faden abschneiden und vernähen.

FLAMME

1. Rd: In Orange 6 fM in einen Magic Ring häkeln (= 6 M).
2. Rd: 6x 1 M zun (= 12 M).
Fb-Wechsel zu Sonnengelb.
3. und 4. Rd: 1 fM in jede M der Vor-Rd (= 12 M).
5. Rd: * 2 fM, 1 M abn *, von * bis * noch 2x wdh (= 9 M).
6. Rd: * 1 fM, 1 M abn *, von * bis * noch 2x wdh (= 6 M).
7. Rd: 1 fM in jede M der Vor-Rd (= 6 M).
Den Faden abschneiden und mithilfe einer Woll-Nd durch alle 6 M fädeln. Anschließend die Öffnung zuziehen, den Faden sichern und im Inneren des Häkelstücks verstecken.

BÄCKCHEN (2X)

In Altrosa 4 fM in einen Magic Ring häkeln (= 4 M). Den Faden zum Annähen ca. 30 cm lang abschneiden. Das zweite Bäckchen genauso arbeiten.

KERZENSPITZE

1. Rd: In Weiß 6 fM in einen Magic Ring häkeln (= 6 M).
2. Rd: 6x 1 M zun (= 12 M).
3. Rd: * 1 fM, 1 M zun *, von * bis * noch 5x wdh (= 18 M).
4. Rd: * 2 fM, 1 M zun *, von * bis * noch 5x wdh (= 24 M).
5. Rd: * 3 fM, 1 M zun *, von * bis * noch 5x wdh (= 30 M).
Den Faden nicht abschneiden, sondern weiternutzen zum Zusammenhäkeln. Danach den Faden abschneiden und vernähen.

FERTIGSTELLEN

Zunächst das Gesicht ausgestalten (siehe ab Seite 18). Dann die Kerzenspitze mit dem offenen Kerzenrand zusammenhäkeln (siehe Seite 17). Dabei kurz vor dem Schließen mit Füllwatte ausstopfen. Anschließend die Flamme leicht ausstopfen und mit einfachen Überwendlingsstichen (siehe Seite 18) oben mittig auf die Kerzenspitze nähen. Alle Fadenenden vernähen.

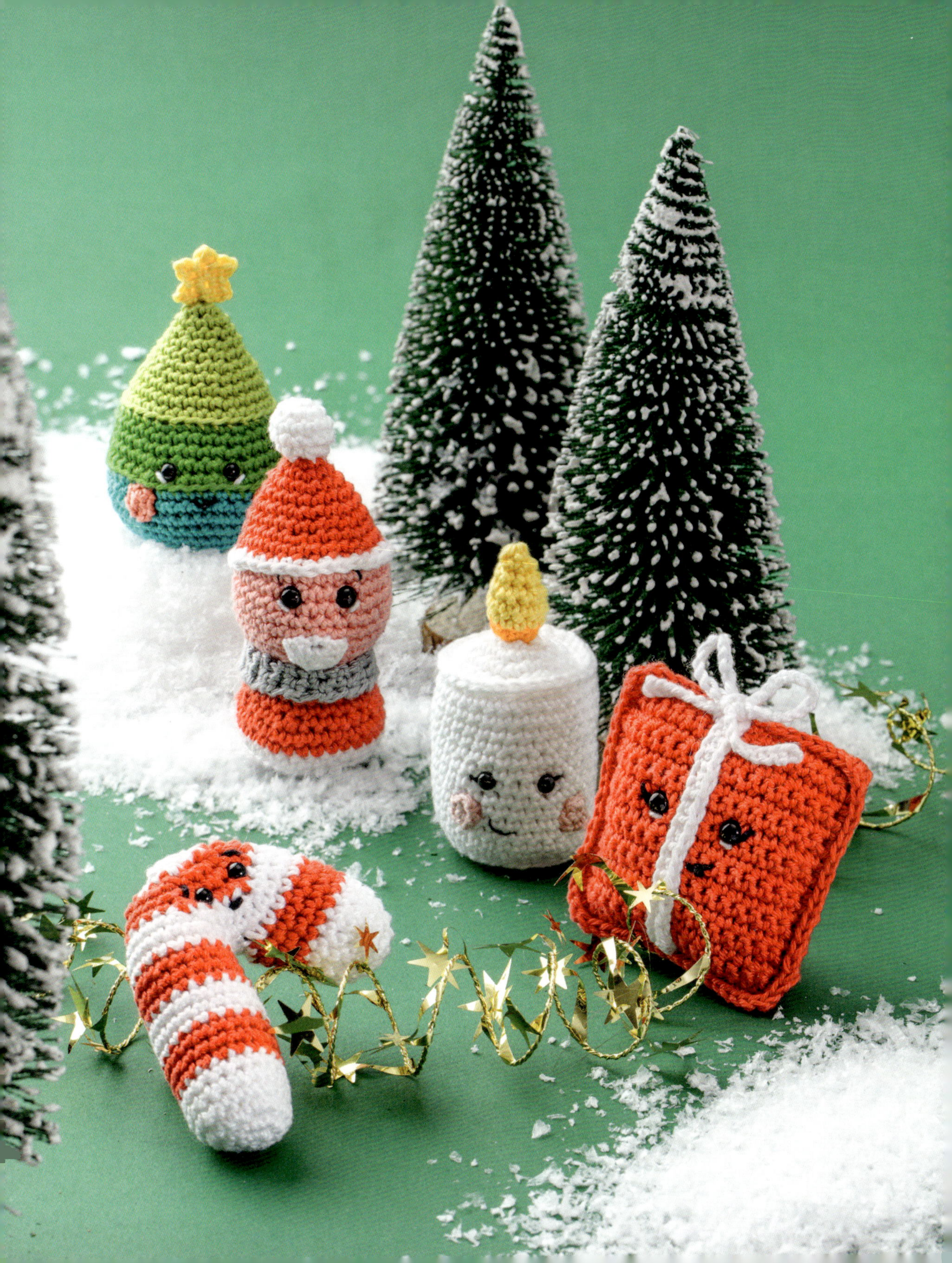

GESCHENK

MATERIAL

- *Woll Butt Camilla (100 % Baumwolle, LL 125 m/50 g) in Rot, ca. 20 g, und in Weiß und Schwarz, je einen Rest*
- *Sicherheitsaugen, Ø 6 mm*
- *Häkelnadel 2,5 mm*
- *Füllwatte*
- *Wollnadel*

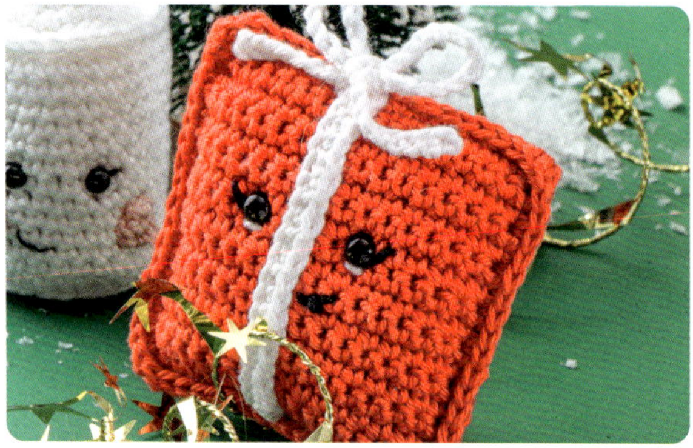

SO WIRD'S GEMACHT

Das Geschenk besteht aus Vorder- und Rückseite, jeweils in R gearbeitet, die später zusammengehäkelt werden. Die Schleife wird aus einer Lm-Kette gearbeitet.

GESCHENK (2X)

Für die Vorderseite in Rot eine Kette aus 18 Lm arbeiten. In R häkeln und nach jeder R die Arbeit wenden. In die 2. M von der Nd aus einstechen und wie folgt häkeln:
1. R: 1 fM in jede M der Lm-Kette, 1 Wende-Lm (= 17 M).
2.–16. R: 1 fM in jede M der Vor-R, 1 Wende-Lm (= 17 M).
17. R: 1 fM in jede M der Vor-R (= 17 M).
Den Faden auf der Rückseite vernähen.
Die Rückseite genauso arbeiten, aber hier den Faden nicht abschneiden, sondern weiternutzen zum Zusammenhäkeln. Danach den Faden abschneiden und vernähen.

PAKETSCHNUR VORNE

Für die Schnur vorne in Weiß eine Kette aus 20 Lm arbeiten. In die 2. M von der Nd aus einstechen und wie folgt häkeln: 1 fM in jede M der Lm-Kette (= 19 M).
Den Faden zum Annähen ca. 40 cm lang abschneiden. Den Anfangsfaden abschneiden und vernähen.

FERTIGSTELLEN

Zunächst das Gesicht auf der Vorderseite gestalten (siehe ab Seite 18). Dabei darauf achten, dass genug Platz für die Paketschnur zwischen den Augen bleibt. Dann die beiden Geschenkseiten zusammenhäkeln (siehe Seite 17) und kurz vor dem Schließen mit Füllwatte stopfen. Anschließend die Schnur mit mehreren Stichen auf die Vorderseite nähen.
Für die Schleife in Weiß eine Kette aus mindestens 50 Lm arbeiten. Beide Fadenenden vernähen. Wie lang die Lm-Kette tatsächlich sein muss, hängt davon ab, wie groß die Schleife letztendlich werden soll. Die Kette zu einer Schleife binden und oben in der Mitte der Paketschnur mit einigen Stichen am Geschenkrand festnähen.

ZUCKERSTANGE

MATERIAL

- *Woll Butt Camilla (100 % Baumwolle, LL 125 m/50 g) in Weiß und Rot, ca. 10 g, und in Schwarz, einen Rest*
- *Sicherheitsaugen, Ø 5 mm*
- *Häkelnadel 2,5 mm*
- *Füllwatte*
- *Wollnadel*

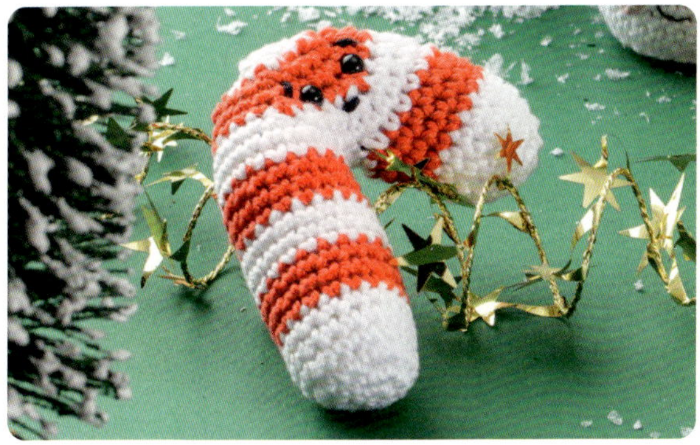

SO WIRD'S GEMACHT

Die Zuckerstange besteht aus zwei Teilen, in Spiral-Rd gearbeitet, die mit einem Übergang zusammengehäkelt werden.

ZUCKERSTANGE, KURZER TEIL

1. Rd: In Weiß 6 fM in einen Magic Ring häkeln (= 6 M).
2. Rd: 6x 1 M zun (= 12 M).
3. Rd: * 1 fM, 1 M zun *, von * bis * noch 5x wdh (= 18 M).
4.–6. Rd: 1 fM in jede M der Vor-Rd (= 18 M).
Fb-Wechsel zu Rot.
7.–9. Rd: 1 fM in jede M der Vor-Rd (= 18 M).
Den Faden abschneiden und im Inneren vernähen.
Mit Füllwatte ausstopfen.

ZUCKERSTANGE, LANGER TEIL

1. Rd: In Weiß 6 fM in einen Magic Ring häkeln (= 6 M).
2. Rd: 6x 1 M zun (= 12 M).
3. Rd: * 1 fM, 1 M zun *, von * bis * noch 5x wdh (= 18 M).
4.–6. Rd: 1 fM in jede M der Vor-Rd (= 18 M).
Fb-Wechsel zu Rot.
7.–9. Rd: 1 fM in jede M der Vor-Rd (= 18 M).
Fb-Wechsel zu Weiß.
10.–12. Rd: 1 fM in jede M der Vor-Rd (= 18 M).
Fb-Wechsel zu Rot.
13. und 14. Rd: 1 fM in jede M der Vor-Rd (= 18 M).
Fb-Wechsel zu Weiß.
Mit Füllwatte ausstopfen.

Nun den kurzen Teil links danebenhalten und beide Teile verbinden:
15. Rd: 4 fM, 2 Lm, am kurzen Teil weiterhäkeln mit 18 fM, 2 Lm, 14 fM (= 40 M).
16. Rd: * 8 fM, 1 M abn *, von * bis * noch 3x wdh (= 36 M).
17. Rd: * 4 fM, 1 M abn *, von * bis * noch 5x wdh (= 30 M).
Fb-Wechsel zu Rot.
18. Rd: * 3 fM, 1 M abn *, von * bis * noch 5x wdh (= 24 M).
19. Rd: 1 fM in jede M der Vor-Rd (= 24 M).
Gesicht gestalten (siehe ab Seite 18).
20. Rd: * 2 fM, 1 M abn *, von * bis * noch 5x wdh (= 18 M).
Fb- Wechsel zu Weiß. Rest mit Füllwatte ausstopfen.
21. Rd: * 1 fM, 1 M abn *, von * bis * noch 5x wdh (= 12 M).
22. Rd: 6x 1 M abn (= 6 M).
Den Faden abschneiden und mithilfe einer Woll-Nd durch alle 6 M fädeln. Anschließend die Öffnung zuziehen, den Faden sichern und im Inneren des Häkelstücks verstecken.

WEIHNACHTSMANN

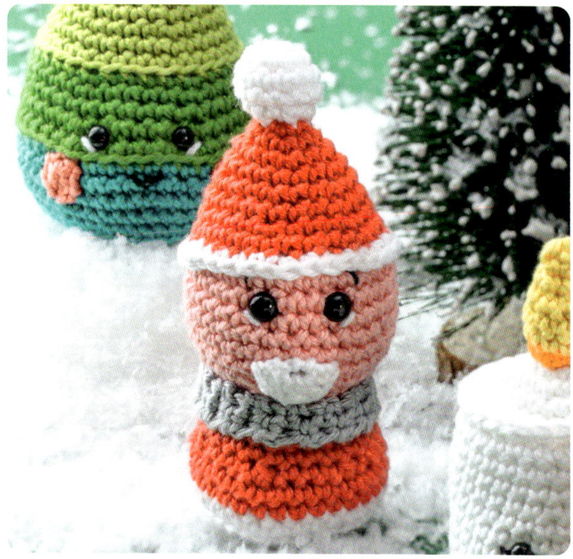

MATERIAL

- *Woll Butt Camilla (100 % Baumwolle, LL 125 m/50 g) in Altrosa, Rot und Weiß, ca. 10 g, und in Grau und Schwarz, je einen Rest*
- *Sicherheitsaugen, Ø 6 mm*
- *Häkelnadel 2,5 mm*
- *Füllwatte*
- *Wollnadel*

SO WIRD'S GEMACHT

Alle Teile werden in Spiral-Rd gearbeitet und anschließend zusammengenäht.

KOPF

1. Rd: In Altrosa 6 fM in einen Magic Ring häkeln (= 6 M).
2. Rd: 6x 1 M zun (= 12 M).
3. Rd: * 1 fM, 1 M zun *, von * bis * noch 5x wdh (= 18 M).
4. Rd: * 2 fM, 1 M zun *, von * bis * noch 5x wdh (= 24 M).
5. Rd: * 3 fM, 1 M zun *, von * bis * noch 5x wdh (= 30 M).
6.–11. Rd: 1 fM in jede M der Vor-Rd (= 30 M).
12. Rd: * 3 fM, 1 M abn *, von * bis * noch 5x wdh (= 24 M).
13. Rd: * 2 fM, 1 M abn *, von * bis * noch 5x wdh (= 18 M).
Gesicht gestalten (siehe ab Seite 18) und den Kopf mit Füllwatte ausstopfen.
14. Rd: * 1 fM, 1 M abn *, von * bis * noch 5x wdh (= 12 M).
15. Rd: 6x 1 M abn (= 6M).
Den Faden abschneiden und mithilfe einer Woll-Nd durch alle 6 M fädeln. Anschließend die Öffnung zuziehen, den Faden sichern und im Inneren des Häkelstücks verstecken.

KÖRPER

1. Rd: In Weiß 6 fM in einen Magic Ring häkeln (= 6 M).
2. Rd: 6x 1 M zun (= 12 M).
3. Rd: * 1 fM, 1 M zun *, von * bis * noch 5x wdh (= 18 M).
4. Rd: * 2 fM, 1 M zun *, von * bis * noch 5x wdh (= 24 M).
5. Rd: * 3 fM, 1 M zun *, von * bis * noch 5x wdh (= 30 M).
6. Rd: 1 fM ihM jeder M der Vor-Rd (= 30 M).
Fb-Wechsel zu Rot.
7. und 8. Rd: 1 fM in jede M der Vor-Rd (= 30 M).
9. Rd: * 3 fM, 1 M abn *, von * bis * noch 5x wdh (= 24 M).
10. und 11. Rd: 1 fM in jede M der Vor-Rd (= 24 M).
12. Rd: * 2 fM, 1 M abn *, von * bis * noch 5x wdh (= 18 M).
13. Rd: 1 fM in jede M der Vor-Rd (= 18 M).
Mit Füllwatte ausstopfen.
14. Rd: * 1 fM, 1 M abn *, von * bis * noch 5x wdh (= 12 M).
Den Faden zum Annähen ca. 30 cm lang abschneiden.

LOOP

Für den Loop eine Kette aus 3 Lm in Grau arbeiten. In die 2. M von der Nd aus einstechen und wie folgt häkeln:
1. R: 1 fM in jede M der Lm-Kette, 1 Wende-Lm (= 2 M).
2.–25. R: 1 fM in jede M der Vor-R, 1 Wende-Lm (= 2 M).
26. R: 1 fM in jede M der Vor-R (= 2 M).
Den Faden zum Zusammennähen ca. 20 cm lang abschneiden. Den Anfangsfaden vernähen.

MÜTZE

1. Rd: In Weiß 6 fM in einen Magic Ring häkeln (= 6 M).
2. Rd: 6x 1 M zun (= 12 M).
3. und 4. Rd: 1 fM in jede M der Vor-Rd (= 12 M).
5. Rd: 6x 1 M abn (= 6 M).
Fb-Wechsel zu Rot.

6. Rd: * 1 fM, 1 M zun *, von * bis * noch 2x wdh (= 9 M).
Bommel mit Füllwatte ausstopfen.
7. Rd: * 2 fM, 1 M zun *, von * bis * noch 2x wdh (= 12 M).
8. Rd: * 1 fM, 1 M zun *, von * bis * noch 5x wdh (= 18 M).
9. Rd: 1 fM in jede M der Vor-Rd (= 18 M).
10. Rd: * 2 fM, 1 M zun *, von * bis * noch 5x wdh (= 24 M).
11. und 12. Rd: 1 fM in jede M der Vor-Rd (= 24 M).
13. Rd: * 3 fM, 1 M zun *, von * bis * noch 5x wdh (= 30 M).
14. Rd: 1 fM in jede M der Vor-Rd (= 30 M).
Fb-Wechsel zu Weiß.
15. Rd: * 4 fM, 1 M zun *, von * bis * noch 5x wdh (= 36 M).
Den Faden zum Annähen ca. 40 cm lang abschneiden.

BART

Für den Bart in Weiß eine Kette aus 4 Lm arbeiten. In die 2. M von der Nd aus einstechen und wie folgt häkeln: 1 fM, (1 hStb, 1 Stb, 1 hStb in 1 Lm der Vor-Rd), 1 Km. Den Faden zum Annähen ca. 30 cm lang abschneiden.

FERTIGSTELLEN

Alle nun folgenden Näharbeiten werden mit einfachen Überwendlingsstichen (siehe Seite 18) gearbeitet und die Fadenenden sorgfältig vernäht. Zunächst den Bart auf das Gesicht nähen. Dann den Kopf mittig auf dem Körper annähen. Anschließend die Mütze am Kopf festnähen und kurz vor dem Schließen stopfen. Zum Schluss den Loop um den Hals legen und an den schmalen Seiten zusammennähen. Alle Fadenenden vernähen.

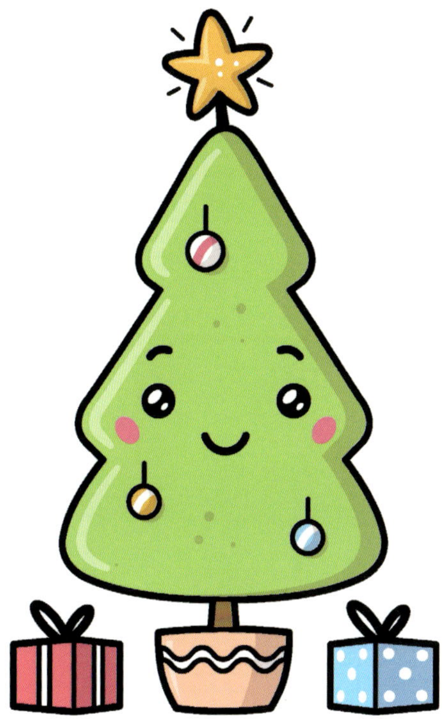

WEIHNACHTSBAUM

MATERIAL

- *Woll Butt Camilla (100 % Baumwolle, LL 125 m/50 g) in Smaragd, Grün und Kiwi, je ca. 10 g, und in Sonnengelb, Altrosa, Weiß und Schwarz, je einen Rest*
- *Sicherheitsaugen, Ø 5 mm*
- *Häkelnadel 2,5 mm und 2,0 mm*
- *Füllwatte*
- *Wollnadel*

SO WIRD'S GEMACHT

Der Baum wird in Spiral-Rd von oben nach unten gearbeitet. Für den Stern einen etwa 50 cm langen Faden in Sonnengelb halbieren, d. h. das eigentlich vierfädige Garn auf zwei Fäden aufdröseln. Mit dem nun zweifädigen Garn und der Häkel-Nd 2,0 mm wird der Stern aus fM und Lm gehäkelt.

WEIHNACHTSBAUM

1. Rd: In Kiwi 6 fM in einen Magic Ring häkeln (= 6 M).
2. Rd: * 1 fM, 1 M zun *, von * bis * noch 2x wdh (= 9 M).
3. Rd: * 2 fM, 1 M zun *, von * bis * noch 5x wdh (= 12 M).
4. Rd: 1 fM in jede M der Vor-Rd (= 12 M).
5. Rd: * 1 fM, 1 M zun *, von * bis * noch 5x wdh (= 18 M).
6. Rd: 1 fM in jede M der Vor-Rd (= 18 M).
7. Rd: * 2 fM, 1 M zun *, von * bis * noch 5x wdh (= 24 M).
8. Rd: 1 fM in jede M der Vor-Rd (= 24 M).
9. Rd: * 3 fM, 1 M zun *, von * bis * noch 5x wdh (= 30 M).
10. und 11. Rd: 1 fM in jede M der Vor-Rd (= 30 M).
Fb-Wechsel zu Grün.
12. Rd: * 4 fM, 1 M ihM zun *, von * bis * noch 5x wdh (= 36 M).
13. und 14. Rd: 1 fM in jede M der Vor-Rd (= 36 M).
15. Rd: * 5 fM, 1 M zun *, von * bis * noch 5x wdh (= 42 M).
16. Rd: 1 fM in jede M der Vor-Rd (= 42 M).
Fb-Wechsel zu Smaragd.
17. Rd: 1 fM ihM jeder M der Vor-Rd (= 42 M).
18. Rd: * 6 fM, 1 M zun *, von * bis * noch 5x wdh (= 48 M).
19.–21. Rd: 1 fM ihM jeder M der Vor-Rd (= 48 M).
22. Rd: 24x 1 M ihM abn (= 24 M).
23. Rd: * 2 fM, 1 M abn *, von * bis * noch 5x wdh (= 18 M).
Gesicht gestalten (siehe ab Seite 18) und den Baum mit Füllwatte ausstopfen.
24. Rd: * 1 fM, 1 M abn *, von * bis * noch 5x wdh (= 12 M).
25. Rd: 6x 1 M abn (= 6 M).
Den Faden abschneiden und mithilfe einer Woll-Nd durch alle 6 M fädeln. Anschließend die Öffnung zuziehen, den Faden sichern und im Inneren des Häkelstücks verstecken.

STERN

Mit halbiertem Garn in Sonnengelb und der Häkel-Nd 2,0 folgendermaßen in einen Magic Ring häkeln: * 1 fM, 2 Lm, 1 fM in die 2. Lm *, von * bis * noch 4x wdh, 1 Km.
Den Magic Ring zuziehen, den Faden zum Annähen ca. 30 cm lang abschneiden. Den Anfangsfaden abschneiden und vernähen.

BÄCKCHEN (2X)

In Altrosa 4 fM in einen Magic Ring häkeln (= 4 M).
Den Faden zum Annähen ca. 30 cm lang abschneiden.
Das zweite Bäckchen genauso arbeiten.

FERTIGSTELLEN

Den Stern mit einem einfachen Überwendlingsstich (siehe Seite 18) oben mittig auf der Baumspitze festnähen. Alle Fadenenden vernähen.

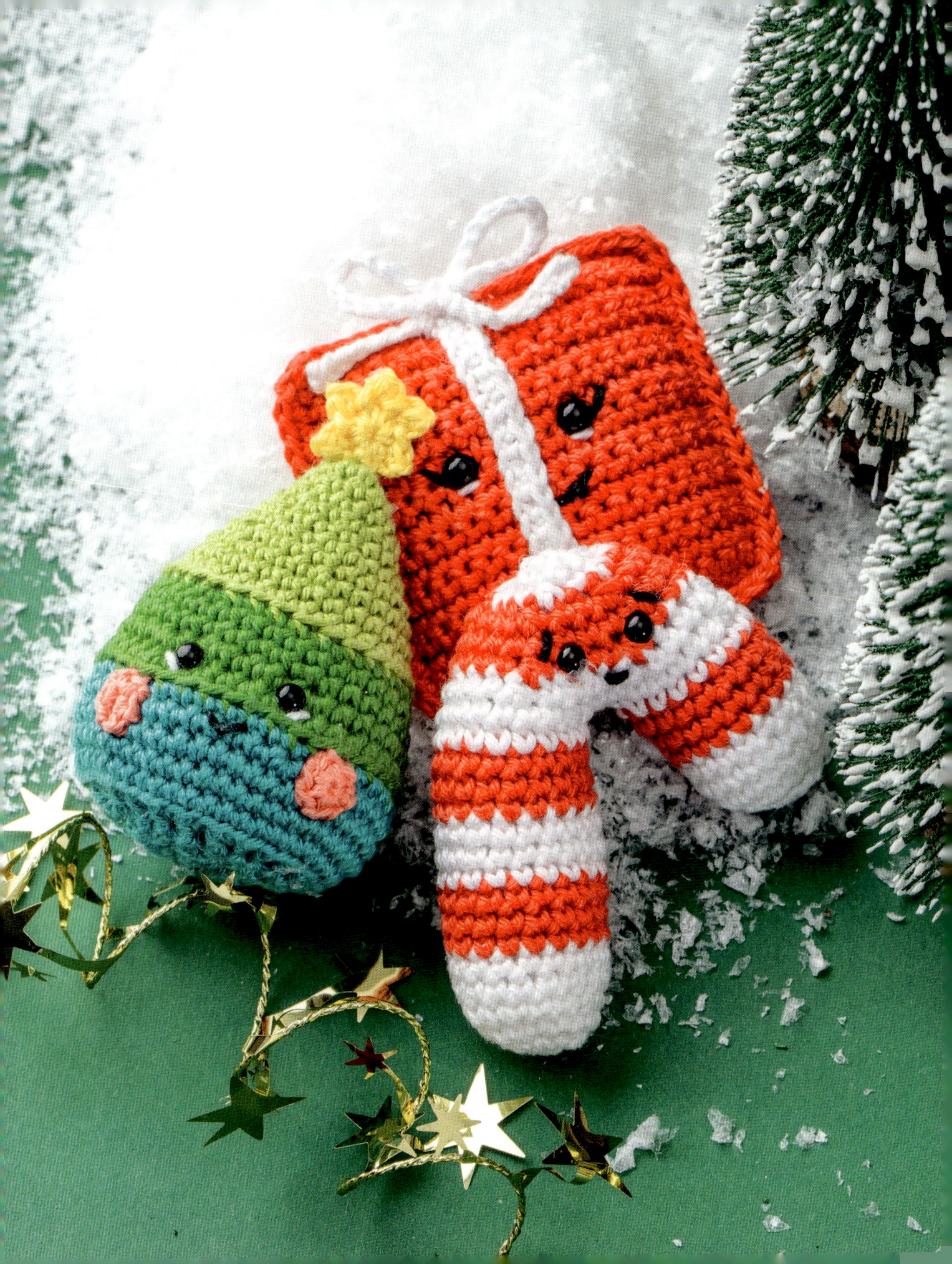

IM WUNDERLAND

REGENBOGEN

MATERIAL

- *Hobbii Rainbow Cotton 8/4 (100 % Baumwolle, LL 170 m/50 g) in Rot (Fb 058), Rotorange (Fb 066), Sonnengelb (Fb 055), Lime (Fb 018), Stahlblau (Fb 078), Lila matt (Fb 068), Natur (Fb 002) und in Schwarz (Fb 009), je einen Rest*
- *Sicherheitsaugen, Ø 6 mm*
- *Häkelnadel 2,5 mm*
- *Füllwatte*
- *Wollnadel*

SO WIRD'S GEMACHT

Der Regenbogen wird als Kreis mit regelmäßigen Fb-Wechseln gehäkelt und anschließend zusammengeklappt und -gehäkelt.

REGENBOGEN

1. Rd: In Rot 6 fM in einen Magic Ring häkeln (= 6 M).
2. Rd: 6x 1 M zun (= 12 M).
Fb-Wechsel zu Rotorange.
3. Rd: * 1 fM, 1 M zun *, von * bis * noch 5x wdh (= 18 M).
4. Rd: * 2 fM, 1 M zun *, von * bis * noch 5x wdh (= 24 M).
Fb-Wechsel zu Sonnengelb.
5. Rd: * 3 fM, 1 M zun *, von * bis * noch 5x wdh (= 30 M).
6. Rd: * 4 fM, 1 M zun *, von * bis * noch 5x wdh (= 36 M).
Fb-Wechsel zu Lime.
7. Rd: * 5 fM, 1 M zun *, von * bis * noch 5x wdh (= 42 M).
8. Rd: * 6 fM, 1 M zun *, von * bis * noch 5x wdh (= 48 M).
Fb-Wechsel zu Stahlblau.
9. Rd: * 7 fM, 1 M zun *, von * bis * noch 5x wdh (= 54 M).
10. Rd: * 8 fM, 1 M zun *, von * bis * noch 5x wdh (= 60 M).
Fb-Wechsel zu Lila matt.
12. Rd: * 9 fM, 1 M zun *, von * bis * noch 5x wdh (= 66 M).
13. Rd: * 10 fM, 1 M zun *, von * bis * noch 5x wdh (= 72 M).
Den Faden abschneiden und vernähen.

FERTIGSTELLEN

Den Kreis zusammenklappen und mit Natur beide Seiten zunächst bis zur Hälfte zusammenhäkeln (siehe Seite 17). Nun erst das Gesicht ausgestalten (siehe ab Seite 18). Danach den Regenbogen fertig zusammenhäkeln und kurz vor dem Schließen leicht mit Füllwatte stopfen. Den Faden abschneiden und vernähen.

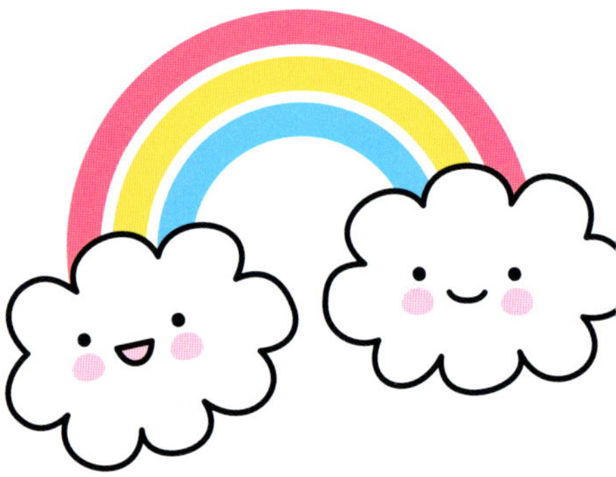

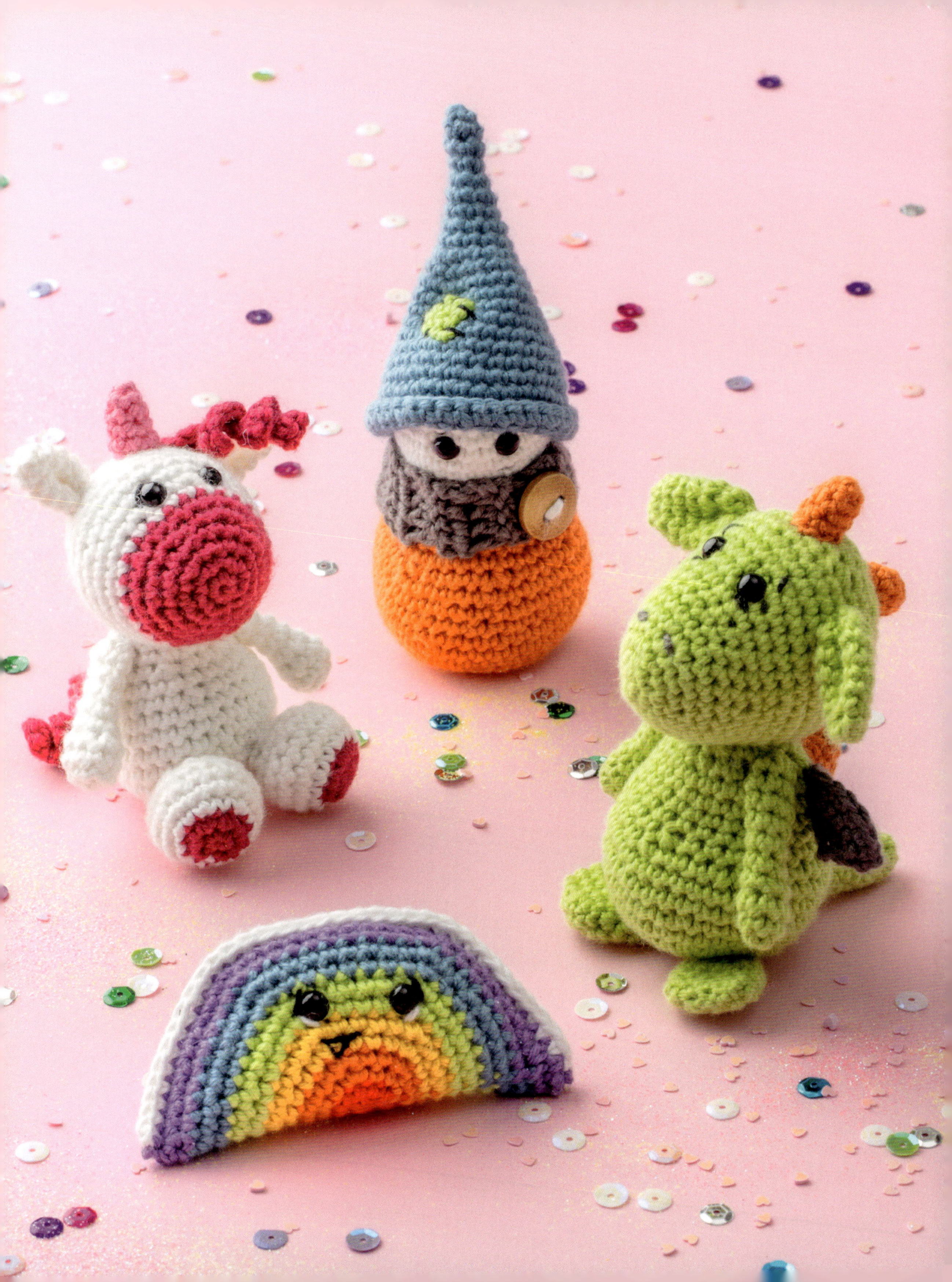

ZWERG

MATERIAL

- *Hobbii Rainbow Cotton 8/4 (100 % Baumwolle, LL 170 m/50 g) in Rotorange (Fb 066) und Stahlblau (Fb 078), je ca. 20 g, in Natur (Fb 002) und Vulkangrau (Fb 012), je ca. 10 g, und in Lime (Fb 018) und Schwarz (Fb 009), je einen Rest*
- *Sicherheitsaugen, Ø 6 mm*
- *Häkelnadel 2,5 mm*
- *Füllwatte*
- *Wollnadel*

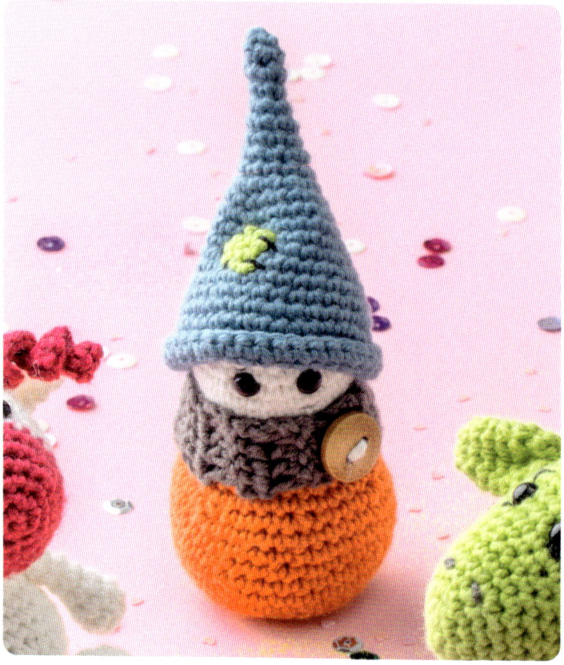

SO WIRD'S GEMACHT

Alle Teile werden einzeln in Spiral-Rd gearbeitet und anschließend zusammengenäht. Der Loop wird mit Stb gehäkelt.

KÖRPER & KOPF

1. Rd: In Rotorange 6 fM in einen Magic Ring häkeln (= 6 M).
2. Rd: 6x 1 M zun (= 12 M).
3. Rd: * 1 fM, 1 M zun *, von * bis * noch 5x wdh (= 18 M).
4. Rd: * 2 fM, 1 M zun *, von * bis * noch 5x wdh (= 24 M).
5. Rd: * 3 fM, 1 M zun *, von * bis * noch 5x wdh (= 30 M).
6. Rd: * 4 fM, 1 M zun *, von * bis * noch 5x wdh (= 36 M).
7. Rd: 1 fM ihM jeder M der Vor-Rd (= 36 M).
8.–12. Rd: 1 fM in jede M der Vor-Rd (= 36 M).
13. Rd: * 4 fM, 1 M abn *, von * bis * noch 5x wdh (= 30 M).
14. Rd: 1 fM in jede M der Vor-Rd (= 30 M).
15. Rd: * 3 fM, 1 M abn *, von * bis * noch 5x wdh (= 24 M).
16. Rd: 1 fM in jede M der Vor-Rd (= 24 M).
17. Rd: * 2 fM, 1 M abn *, von * bis * noch 5x wdh (= 18 M).
18. Rd: * 1 fM, 1 M abn *, von * bis * noch 5x wdh (= 12 M).
Fb-Wechsel zu Natur.
19. Rd: 12x 1 M zun (= 24 M).
20. Rd: * 3 fM, 1 M zun *, von * bis * noch 5x wdh (= 30 M).
21.–25. Rd: 1 fM in jede M der Vor-Rd (= 30 M).
26. Rd: * 3 fM, 1 M abn *, von * bis * noch 5x wdh (= 24 M).
27. Rd: * 2 fM, 1 M abn *, von * bis * noch 5x wdh (= 18 M).
Gesicht gestalten (siehe ab Seite 18) und Körper und Kopf mit Füllwatte ausstopfen.
28. Rd: * 1 fM, 1 M abn *, von * bis * noch 5x wdh (= 12 M).
29. Rd: 6x 1 M abn (= 6 M).
Den Faden abschneiden und mithilfe einer Woll-Nd durch alle 6 M fädeln. Anschließend die Öffnung zuziehen, den Faden sichern und im Inneren des Häkelstücks verstecken.

MÜTZE

1. Rd: In Stahlblau 4 fM in einen Magic Ring häkeln (= 4 M).
2. Rd: 1 fM in jede M der Vor-Rd (= 4 M).
3. Rd: * 1 fM, 1 M zun *, von * bis * noch 1x wdh (= 6 M).
4. und 5. Rd: 1 fM in jede M der Vor-Rd (= 6 M).
6. Rd: * 1 fM, 1 M zun *, von * bis * noch 2x wdh (= 9 M).
7. und 8. Rd: 1 fM in jede M der Vor-Rd (= 9 M).
9. Rd: * 2 fM, 1 M zun *, von * bis * noch 2x wdh (= 12 M).
10. Rd: * 1 fM, 1 M zun *, von * bis * noch 5x wdh (= 18 M).
11. Rd: 1 fM in jede M der Vor-Rd (= 18 M).
12. Rd: * 2 fM, 1 M zun *, von * bis * noch 5x wdh (= 24 M).
13. und 14. Rd: 1 fM in jede M der Vor-Rd (= 24 M).

15. Rd: * 3 fM, 1 M zun *, von * bis * noch 5x wdh (= 30 M).
16. und 17. Rd: 1 fM in jede M der Vor-Rd (= 30 M).
18. Rd: * 4 fM, 1 M zun *, von * bis * noch 5x wdh (= 36 M).
Den Faden zum Annähen ca. 40 cm lang abschneiden.

LOOP

Für den Loop in Vulkangrau eine Kette aus 6 Lm arbeiten. In die 3. M von der Nd aus einstechen und wie folgt häkeln:
1. R: 1 Stb in jede M der Lm-Kette, 2 Wende-Lm (= 4 M).
2.–14. R: 1 Stb in jede M der Vor-R, 2 Wende-Lm (= 4 M).
15. R: 1 Stb in jede M der Vor-R (= 4 M).
Den Faden zum Zusammennähen ca. 20 cm lang abschneiden. Den Anfangsfaden vernähen.

FLICKEN

Für den Flicken in Lime eine Kette aus 4 Lm arbeiten. In die 2. M von der Nd aus einstechen und wie folgt häkeln:
1. R: 1 fM in jede M der Lm-Kette, 1 Wende-Lm (= 3 M).
2. R: 1 fM in jede M der Vor-R (= 3 M).
Den Faden zum Annähen ca. 30 cm lang abschneiden.

FERTIGSTELLEN

Alle nun folgenden Näharbeiten werden mit einfachen Überwendlingsstichen (siehe Seite 18) gearbeitet und die Fadenenden sorgfältig vernäht. Zunächst den Flicken auf die Mütze nähen und mit schwarzem Faden an jeder Seite vier grobe Stiche aufsticken. Dann die Mütze etwas aufrollen und am Kopf festnähen. Zum Schluss den Loop um den Hals legen und an den schmalen Seiten zusammennähen. Nach Belieben einen Knopf an den Loop nähen (diesen besser vor dem Zusammennähen anbringen). Alle Fadenenden vernähen.

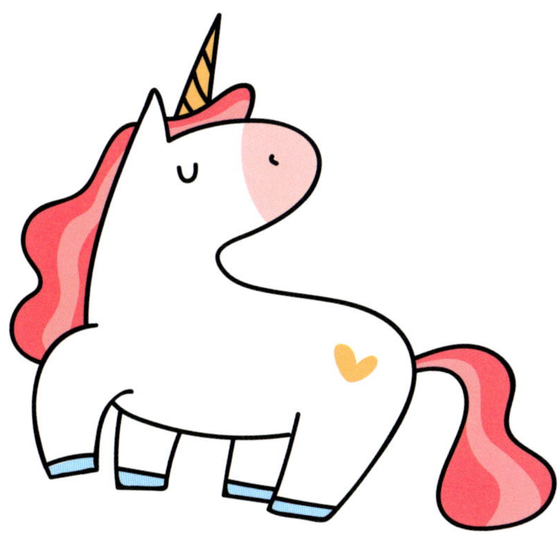

MAGISCHES EINHORN

MATERIAL

- *Hobbii Rainbow Cotton 8/4 (100 % Baumwolle, LL 170 m/50 g) in Natur (Fb 002), ca. 30 g, in Hellrosa (Fb 062) und Cerise (Fb 083), je 10 g, und in Schwarz (Fb 009), einen Rest*
- *Sicherheitsaugen, Ø 6 mm*
- *Häkelnadel 2,5 mm*
- *Füllwatte*
- *Wollnadel*

SO WIRD'S GEMACHT

Alle Teile werden einzeln in Spiral-Rd gearbeitet und anschließend zusammengenäht. Die Mähne besteht aus Lm-Ketten mit je einer Rück-R.

KOPF

1. Rd: In Cerise 6 fM in einen Magic Ring häkeln (= 6 M).
2. Rd: 6x 1 M zun (= 12 M).
3. Rd: * 1 fM, 1 M zun *, von * bis * noch 5x wdh (= 18 M).
4. Rd: 1 fM in jede M der Vor-Rd (= 18 M).
5. Rd: * 2 fM, 1 M zun *, von * bis * noch 5x wdh (= 24 M).
6. Rd: 1 fM in jede M der Vor-Rd (= 24 M).
Fb-Wechsel zu Natur.
7. Rd: 1 fM in jede M der Vor-Rd (= 24 M).
8. Rd: * 3 fM, 1 M zun *, von * bis * noch 5x wdh (= 30 M).
9.–15. Rd: 1 fM in jede M der Vor-Rd (= 30 M).
16. Rd: * 3 fM, 1 M abn *, von * bis * noch 5x wdh (= 24 M).
17. Rd: * 2 fM, 1 M abn *, von * bis * noch 5x wdh (= 18 M).
Gesicht gestalten (siehe ab Seite 18) und den Kopf mit Füllwatte ausstopfen.
18. Rd: * 1 fM, 1 M abn *, von * bis * noch 5x wdh (= 12 M).
19. Rd: 6x 1 M abn (= 6 M).
Den Faden abschneiden und mithilfe einer Woll-Nd durch alle 6 M fädeln. Anschließend die Öffnung zuziehen, den Faden sichern und im Inneren des Häkelstücks verstecken.

KÖRPER

1. Rd: In Natur 6 fM in einen Magic Ring häkeln (= 6 M).
2. Rd: 6x 1 M zun (= 12 M).
3. Rd: * 1 fM, 1 M zun *, von * bis * noch 5x wdh (= 18 M).
4. Rd: * 2 fM, 1 M zun *, von * bis * noch 5x wdh (= 24 M).
5. Rd: * 3 fM, 1 M zun *, von * bis * noch 5x wdh (= 30 M).
6.–10. Rd: 1 fM in jede M der Vor-Rd (= 30 M).
11. Rd: * 3 fM, 1 M abn *, von * bis * noch 5x wdh (= 24 M).
12. Rd: 1 fM in jede M der Vor-Rd (= 24 M).
13. Rd: * 2 fM, 1 M abn *, von * bis * noch 5x wdh (= 18 M).
14. und 15. Rd: 1 fM in jede M der Vor-Rd (= 18 M).
16. Rd: * 1 fM, 1 M abn *, von * bis * noch 5x wdh (= 12 M).
Mit Füllwatte ausstopfen.
Den Faden zum Annähen ca. 30 cm lang abschneiden.

OHREN (2X)

1. Rd: In Natur 4 fM in einen Magic Ring häkeln (= 4 M).
2. Rd: * 1 fM, 1 M zun *, von * bis * noch 1x wdh (= 6 M).
3. Rd: * 1 fM, 1 M zun *, von * bis * noch 2x wdh (= 9 M).
4. Rd: 1 fM in jede M der Vor-Rd (= 9 M).
5. Rd: * 2 fM, 1 M zun *, von * bis * noch 2x wdh (= 12 M).
6. Rd: 1 fM in jede M der Vor-Rd (= 12 M).
Den Faden zum Annähen ca. 30 cm lang abschneiden.
Das zweite Ohr genauso arbeiten.

ARME (2X)

1. Rd: In Natur 6 fM in einen Magic Ring häkeln (= 6 M).
2. Rd: * 1 fM, 1 M zun *, von * bis * noch 2x wdh (= 9 M).
3. Rd: 1 fM in jede M der Vor-Rd (= 9 M).
4. Rd: * 1 fM, 1 M abn *, von * bis * noch 2x wdh (= 6 M).
Mit Füllwatte ausstopfen.
5.–9. Rd: 1 fM in jede M der Vor-Rd (= 6 M).
Den Faden zum Annähen ca. 30 cm lang abschneiden.
Den zweiten Arm genauso arbeiten.

HORN

1. Rd: In Hellrosa 4 fM in einen Magic Ring häkeln (= 4 M).
2. Rd: * 1 fM, 1 M zun *, von * bis * noch 1x wdh (= 6 M).
3. Rd: * 1 fM, 1 M zun *, von * bis * noch 2x wdh (= 9 M).
4.–6. Rd: 1 fM in jede M der Vor-Rd (= 9 M).
Mit Füllwatte ausstopfen.
Den Faden zum Annähen ca. 30 cm lang abschneiden.

BEINE (2X)

1. Rd: In Cerise 6 fM in einen Magic Ring häkeln (= 6 M).
2. Rd: 6x 1 M zun (= 12 M).
Fb-Wechsel zu Natur.
3. Rd: * 1 fM, 1 M zun *, von * bis * noch 5x wdh (= 18 M).
4.–6. Rd: 1 fM in jede M der Vor-Rd (= 18 M).
7. Rd: 9x 1 M abn (= 9 M).
8. Rd: 1 fM in jede M der Vor-Rd (= 9 M).
Mit Füllwatte ausstopfen.
Den Faden zum Annähen ca. 30 cm lang abschneiden.
Das zweite Bein genauso arbeiten.

MÄHNE & SCHWEIF (3X)

Für die Mähne in Cerise eine Kette aus 15 Lm arbeiten. In die 2. M von der Nd aus einstechen und wie folgt häkeln: 2 fM in jede M der Lm-Kette (= 28 M).
Den Faden zum Annähen ca. 30 cm lang abschneiden.
Den Anfangsfaden vernähen.
Für den Schweif zwei weitere Locken auf die gleiche Weise arbeiten, die erste Locke ebenfalls in Cerise, die zweite in Hellrosa.

FERTIGSTELLEN

Alle nun folgenden Näharbeiten werden mit einfachen Überwendlingsstichen (siehe Seite 18) gearbeitet und die Fadenenden sorgfältig vernäht. Zunächst das Horn oben auf dem Kopf und die Ohren jeweils seitlich am Kopf annähen. Dann die Mähne zwischen Horn und Ohr annähen und den fertigen Kopf mittig auf dem Körper festnähen. Die Beine frontal vor den unteren Teil des Bauchs nähen und die Arme jeweils seitlich am Körper festnähen. Zum Schluss den Schweif hinten an den Einhornpo nähen.

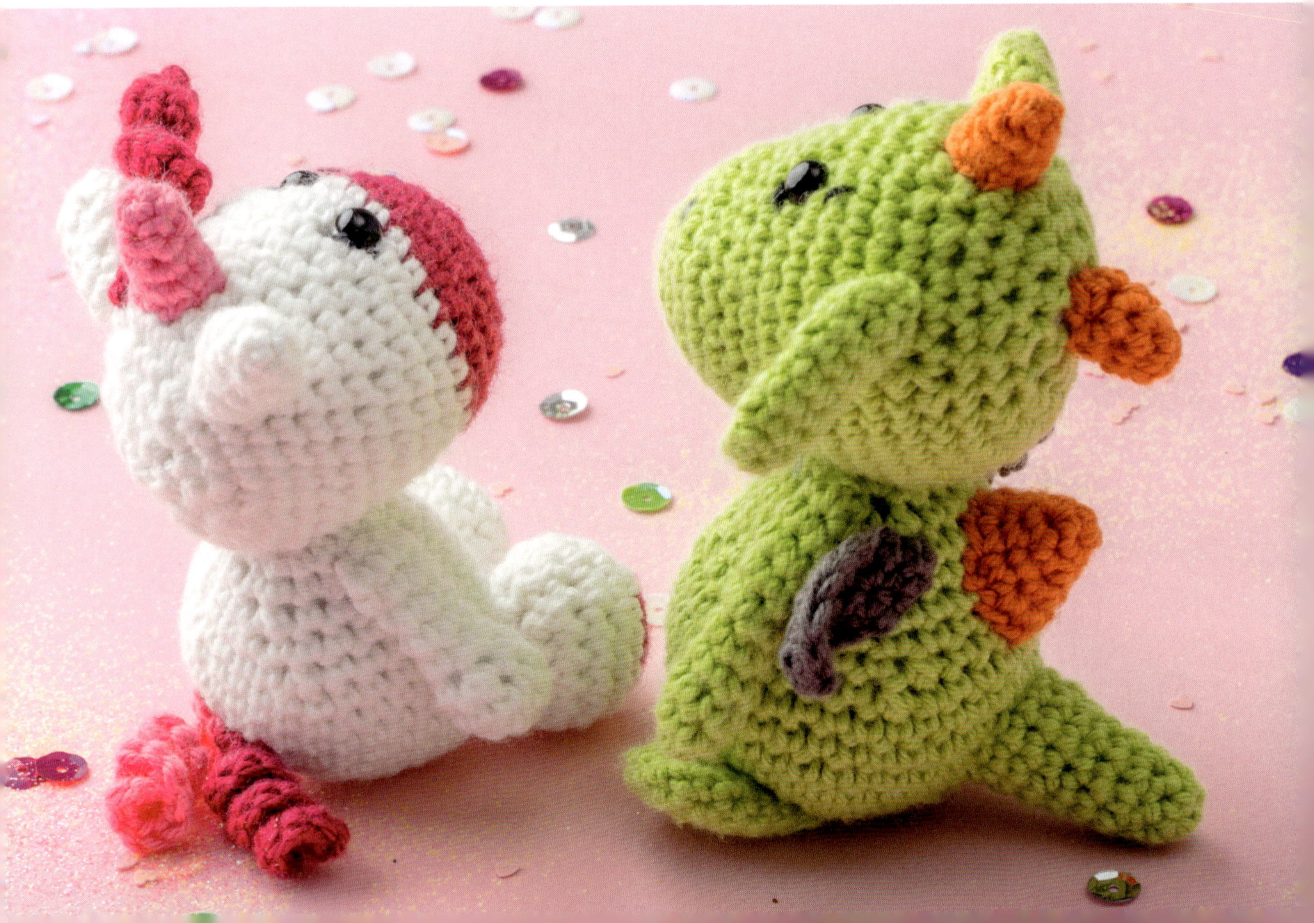

MAGISCHER DRACHE

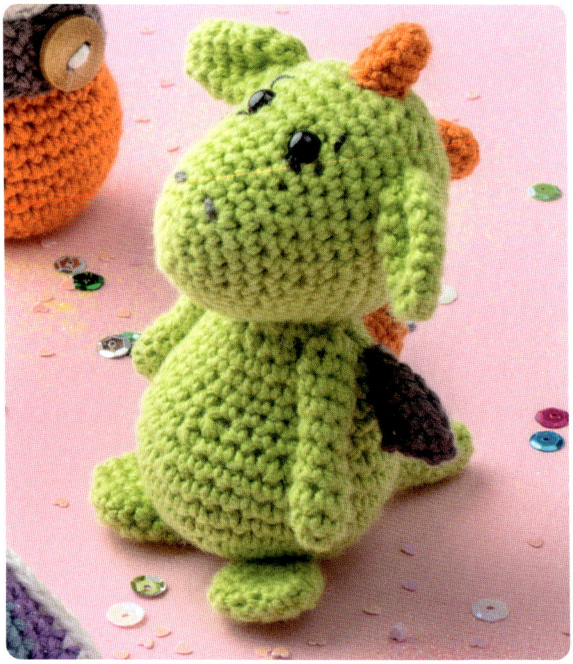

MATERIAL

- *Hobbii Rainbow Cotton 8/4 (100 % Baumwolle, LL 170 m/50 g) in Lime (Fb 018), ca. 30 g, und in Rotorange (Fb 066), Vulkangrau (Fb 012) und Schwarz (Fb 009), je einen Rest*
- *Sicherheitsaugen, Ø 6 mm*
- *Häkelnadel 2,5 mm*
- *Füllwatte*
- *Wollnadel*

SO WIRD'S GEMACHT

Fast alle Teile werden einzeln in Spiral-Rd gearbeitet und anschließend zusammengenäht. Die Flügel werden in R gearbeitet.

KOPF

1. Rd: In Lime 6 fM in einen Magic Ring häkeln (= 6 M).
2. Rd: 6x 1 M zun (= 12 M).
3. Rd: * 1 fM, 1 M zun *, von * bis * noch 5x wdh (= 18 M).
4. Rd: 1 fM in jede M der Vor-Rd (= 18 M).
5. Rd: * 2 fM, 1 M zun *, von * bis * noch 5x wdh (= 24 M).
6.–8. Rd: 1 fM in jede M der Vor-Rd (= 24 M).
9. Rd: * 3 fM, 1 M zun *, von * bis * noch 5x wdh (= 30 M).
10. Rd: 1 fM in jede M der Vor-Rd (= 30 M).
11. Rd: * 4 fM, 1 M zun *, von * bis * noch 5x wdh (= 36 M).
12.–14. Rd: 1 fM in jede M der Vor-Rd (= 36 M).
15. Rd: * 4 fM, 1 M abn *, von * bis * noch 5x wdh (= 30 M).
16. Rd: * 3 fM, 1 M abn *, von * bis * noch 5x wdh (= 24 M).
17. Rd: 1 fM in jede M der Vor-Rd (= 24 M).
18. Rd: * 2 fM, 1 M abn *, von * bis * noch 5x wdh (= 18 M).
Gesicht gestalten (siehe ab Seite 18) und den Kopf mit Füllwatte ausstopfen.
19. Rd: * 1 fM, 1 M abn *, von * bis * noch 5x wdh (= 12 M).
20. Rd: 6x 1 M abn (= 6 M).
Den Faden abschneiden und mithilfe einer Woll-Nd durch alle 6 M fädeln. Anschließend die Öffnung zuziehen, den Faden sichern und im Inneren des Häkelstücks verstecken.

KÖRPER

1. Rd: In Lime 6 fM in einen Magic Ring häkeln (= 6 M).
2. Rd: 6x 1 M zun (= 12 M).
3. Rd: * 1 fM, 1 M zun *, von * bis * noch 5x wdh (= 18 M).
4. Rd: * 2 fM, 1 M zun *, von * bis * noch 5x wdh (= 24 M).
5. Rd: * 3 fM, 1 M zun *, von * bis * noch 5x wdh (= 30 M).
6. Rd: * 4 fM, 1 M zun *, von * bis * noch 5x wdh (= 36 M).
7.–10. Rd: 1 fM in jede M der Vor-Rd (= 36 M).
11. Rd: * 4 fM, 1 M abn *, von * bis * noch 5x wdh (= 30 M).
12. Rd: * 3 fM, 1 M abn *, von * bis * noch 5x wdh (= 24 M).
13.–16. Rd: 1 fM in jede M der Vor-Rd (= 24 M).
17. Rd: * 2 fM, 1 M abn *, von * bis * noch 5x wdh (= 18 M).
18. Rd: * 1 fM, 1 M abn *, von * bis * noch 5x wdh (= 12 M).
Mit Füllwatte ausstopfen.
Den Faden zum Annähen ca. 30 cm lang abschneiden.

OHREN (2X)

1. Rd: In Lime 4 fM in einen Magic Ring häkeln (= 4 M).
2. Rd: * 1 fM, 1 M zun *, von * bis * noch 1x wdh (= 6 M).
3. Rd: * 1 fM, 1 M zun *, von * bis * noch 2x wdh (= 9 M).
4. und 5. Rd: 1 fM in jede M der Vor-Rd (= 9 M).
6. Rd: * 2 fM, 1 M zun *, von * bis * noch 2x wdh (= 12 M).
7. Rd: 1 fM in jede M der Vor-Rd (= 12 M).
8. Rd: 6x 1 M abn (= 6 M).
Den Faden zum Annähen ca. 30 cm lang abschneiden.
Das zweite Ohr genauso arbeiten.

SCHWANZ

1. Rd: In Lime 4 fM in einen Magic Ring häkeln (= 4 M).
2. Rd: * 1 fM, 1 M zun *, von * bis * noch 1x wdh (= 6 M).
3. Rd: 1 fM in jede M der Vor-Rd (= 6 M).
4. Rd: * 1 fM, 1 M zun *, von * bis * noch 2x wdh (= 9 M).
5. und 6. Rd: 1 fM in jede M der Vor-Rd (= 9 M).
7. Rd: * 2 fM, 1 M zun *, von * bis * noch 2x wdh (= 12 M).
8. und 9. Rd: 1 fM in jede M der Vor-Rd (= 12 M).
Den Faden zum Annähen ca. 30 cm lang abschneiden.

ARME (2X)

1. Rd: In Lime 6 fM in einen Magic Ring häkeln (= 6 M).
2.–10. Rd: 1 fM in jede M der Vor-Rd (= 6 M).
Den Faden zum Annähen ca. 30 cm lang abschneiden.
Den zweiten Arm genauso arbeiten.

GRÖSSERE ZACKE

1. Rd: In Rotorange 4 fM in einen Magic Ring häkeln (= 4 M).
2. Rd: * 1 fM, 1 M zun *, von * bis * noch 1x wdh (= 6 M).
3. Rd: * 1 fM, 1 M zun *, von * bis * noch 2x wdh (= 9 M).
4. Rd: 1 fM in jede M der Vor-Rd (= 9 M).
5. Rd: * 2 fM, 1 M zun *, von * bis * noch 2x wdh (= 12 M).
Den Faden zum Annähen ca. 30 cm lang abschneiden.

KLEINERE ZACKE (2X)

1. Rd: In Rotorange 4 fM in einen Magic Ring häkeln (= 4 M).
2. Rd: * 1 fM, 1 M zun *, von * bis * noch 1x wdh (= 6 M).
3. Rd: 1 fM in jede M der Vor-Rd (= 6 M).
4. Rd: * 1 fM, 1 M zun *, von * bis * noch 2x wdh (= 9 M).
Den Faden zum Annähen ca. 30 cm lang abschneiden.
Die zweite Zacke genauso arbeiten.

FÜSSE (2X)

Für die Füße eine Kette aus 5 Lm in Lime arbeiten. In die 2. M von der Nd aus einstechen und wie folgt häkeln:
1. Rd: 3 fM, 3 fM in 1 M, weiter auf der anderen Seite der Lm-Kette mit 3 fM, 3 fM in 1 M (= 12 M).
2.–4. Rd: 1 fM in jede M der Vor-Rd (= 12 M).
5. Rd: * 2 fM, 1 M abn *, von * bis * noch 2x wdh (= 9 M).
6. Rd: * 1 fM, 1 M abn *, von * bis * noch 2x wdh (= 6 M).
7. Rd: 1 fM in jede M der Vor-Rd (= 6 M).
Den Faden zum Annähen ca. 30 cm lang abschneiden.
Den zweiten Fuß genauso arbeiten.

FLÜGEL (2X)

Für die Flügel eine Kette aus 4 Lm in Vulkangrau arbeiten. In R häkeln und die Arbeit nach jeder R wenden. In die 2. M von der Nd aus einstechen und wie folgt häkeln:
1. R: 1 fM in jede M der Lm-Kette, 1 Wende-Lm (= 3 M).
2. R: 3x 1 M zun, 1 Wende-Lm (= 6 M).
3. R: * 1 fM, 1 M zun *, von * bis * noch 2x wdh, 1 Wende-Lm (= 9 M).
4. R: 1 fM in jede M der Vor-R (= 9 M).
Den Faden zum Annähen ca. 30 cm lang abschneiden.
Den zweiten Flügel genauso arbeiten.

FERTIGSTELLEN

Alle nun folgenden Näharbeiten werden mit einfachen Überwendlingsstichen (siehe Seite 18) gearbeitet und die Fadenenden sorgfältig vernäht. Zunächst die Ohren jeweils seitlich oben an den Kopf nähen und die beiden kleineren Zacken oben auf dem Kopf und am Hinterkopf annähen. Dann den fertigen Kopf mittig auf den Körper nähen. Die Füße unter den Körper und die Arme jeweils seitlich am Körper annähen. Anschließend den Schwanz hinten an den Drachenpo nähen und die größere Zacke auf dem Rücken festnähen. Zum Schluss die Flügel am Rücken so festnähen, dass sie hinter den Armen hervorschauen. Alle Fadenenden vernähen.

ÜBER DIE AUTORIN

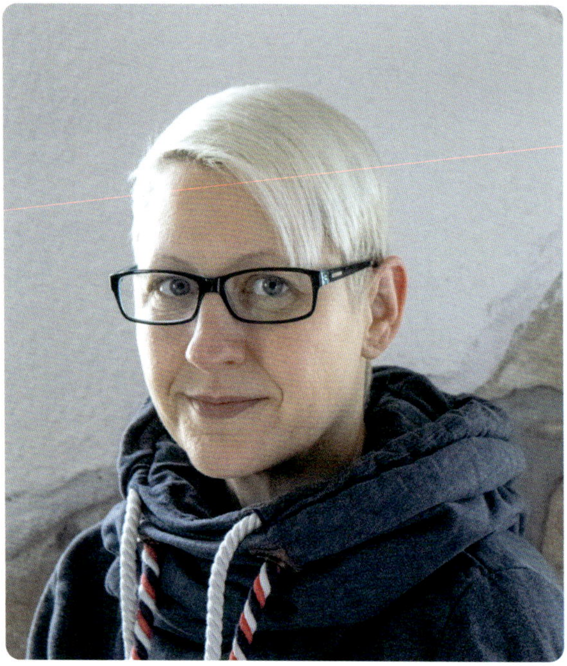

Andrea Allmeroth, Jahrgang 1977, lebt mit ihrer Familie in Baden-Württemberg. Mit dem Titel „Meine Häkelbande“ erfüllte sie sich ihren Traum vom ersten Buch. Bereits seit ihrem Studium schreibt Andrea Allmeroth immer wieder kleinere Kindergeschichten, allerdings zunächst nur für den privaten Gebrauch. Die Diplom-Pädagogin arbeitet seit 10 Jahren mit Grundschulkindern und hat sich vor sechs Jahren autodidaktisch das Häkeln beigebracht. Aus der Inspiration und Kombination dieser beiden Einflüsse sind ihr Erstlingswerk und vorliegendes Buch entstanden. Weitere Informationen zur Autorin und Anleitungen, von denen einige bereits in entsprechenden Magazinen veröffentlicht wurden, finden sich unter **www.einschlafzauber.de.**

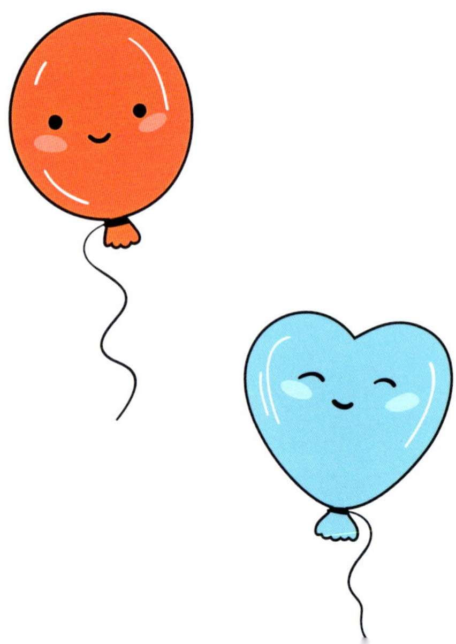

DANKSAGUNG

Ein zweites Buch, aber nicht weniger Stolz und Dankbarkeit als beim ersten Buch! Ein weiteres Mal habe ich es dank vieler lieber Menschen geschafft, mich der Herausforderung zu stellen, innerhalb kurzer Zeit maximal viel Neues zu erschaffen.

Daher gilt auch diesmal mein Dank in erster Linie meinem Verlag und besonders meiner erneuten Lektorin Anja Sommerfeld. Es war mir eine unglaubliche Ehre, dass ihr mir bereits nach so kurzer Zeit eins eurer eigenen Projekte anvertraut und daran geglaubt habt, dass ich diese große Aufgabe trotz des engen Zeitplans spielend bewältigen kann. Vielen Dank auch, liebe Anja, fürs Kompromisse finden, fürs Zweifel beseitigen und für deine Begeisterung. All das hat sehr geholfen!

Auch diesmal haben mir meine fleißigen Testleser mit Rat und Tat zur Seite gestanden, dafür auf jeden Fall ein von Herzen kommendes Dankeschön an Julia Klügl und Ute Friedel-Schuler. Ohne euch wäre ich an manchen Tagen ziemlich in der Luft gehangen.

Ein ganz besonders herzliches Danke möchte ich auch diesmal meinen beiden männlichen Stützen sagen. Robert und Silas, wieder habt ihr mir die nötige Zeit gegeben, viel Geduld mit mir bewiesen und mir mit eurer ehrlichen Meinung und konstruktiven Kritik bei vielen Entscheidungen geholfen. Es tut gut, euch hinter mir zu wissen! Und Mama Thea, Papa Alfred, Kristin, Carsten, Kai und Madita – auch ihr verdient ein weiteres Mal ein dickes Danke dafür, dass ihr mich, meine Stimmungsschwankungen, meine euphorischen Berichte und meine regelmäßigen Präsentationen der fertigen Figuren stillschweigend ertragen habt. Respekt!

Auch diesmal danke ich meinen tollen Kolleginnen Sigrid, Alessia, Anette, Lara N., Lara E., Claudia, Christa, Kerstin, Ute, Marion, Inge N. und Inge S. Es war so schön zu erleben, wie ihr euch auch bei diesem Buch mit mir gefreut habt. Danke dafür!

Natürlich möchte ich mich wieder bei den großzügigen Sponsoren für die Bereitstellung ihrer tollen Materialien bedanken: Buttinette, hobii.de, Schachenmayr und Scheepjes.

Ich hoffe, dass ich euch alle auch bei möglichen weiteren Büchern an meiner Seite wissen darf!

NOCH MEHR TOLLE BÜCHER

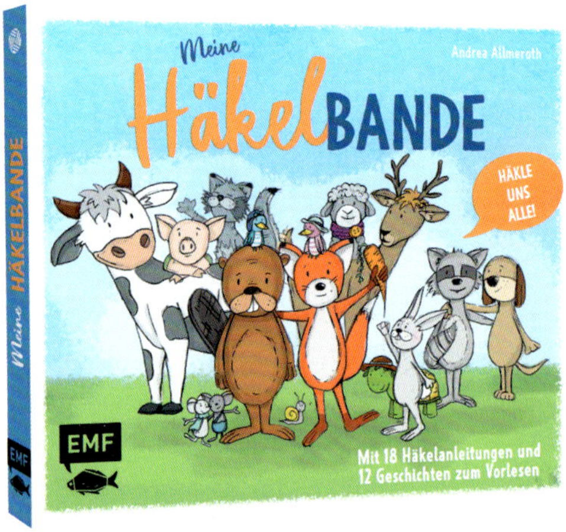

MEINE HÄKELBANDE
ISBN 978-3-960**93-590**-2
€ 16,99 (D); € 17,50 (A)

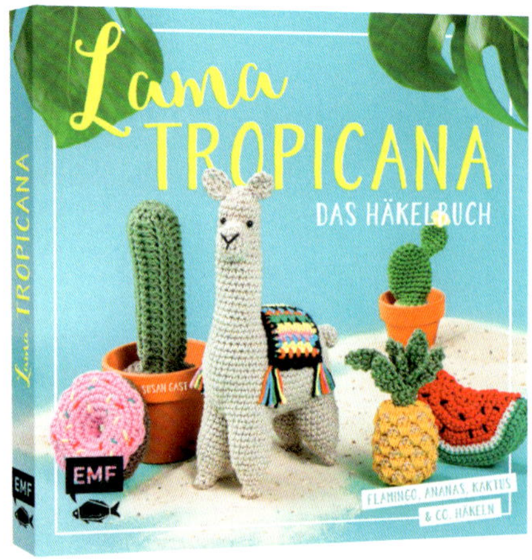

LAMA TROPICANA – DAS HÄKELBUCH
ISBN 978-3-960**93-718**-0
€ 9,99 (D); € 10,30 (A)

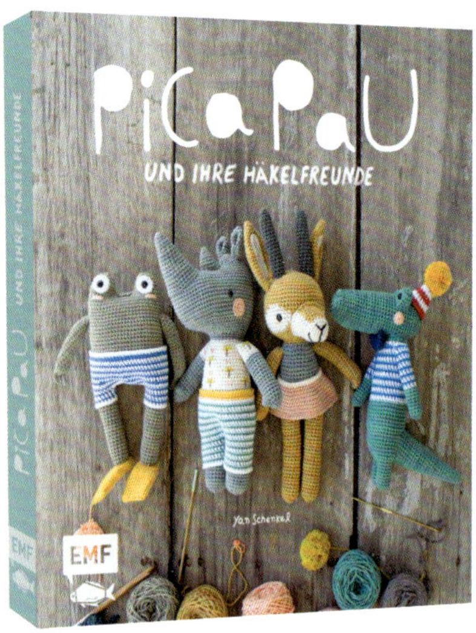

PICA PAU UND IHRE HÄKELFREUNDE
ISBN 978-3-863**55-876**-5
€ 16,99 (D); € 17,50 (A)

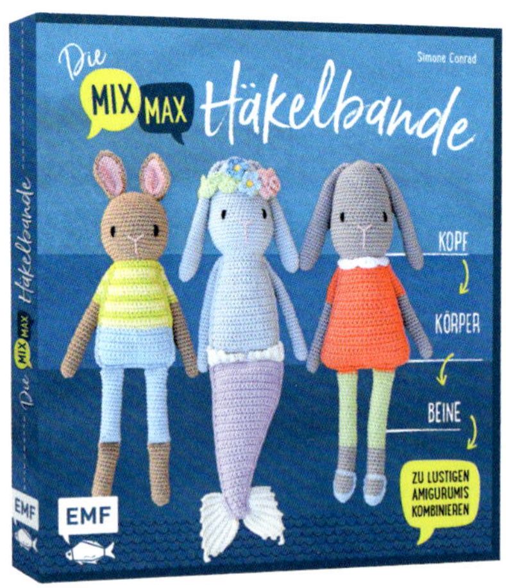

DIE MIX-MAX-HÄKELBANDE
ISBN 978-3-960**93-247**-5
€ 16,99 (D); € 17,50 (A)

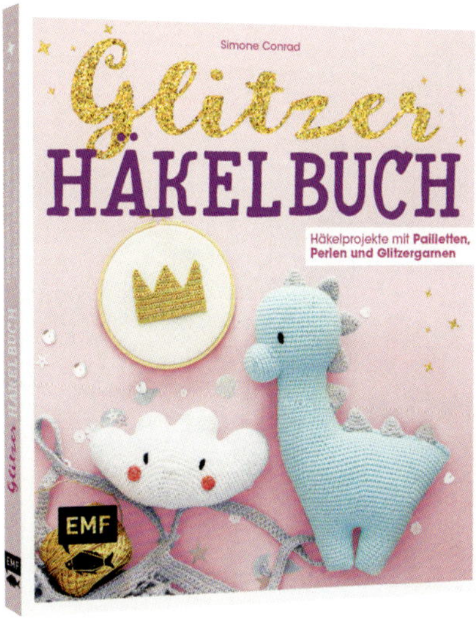

DAS GLITZER-HÄKELBUCH
ISBN 978-3-960**93-486**-8
€ 14,99 (D); € 15,50 (A)

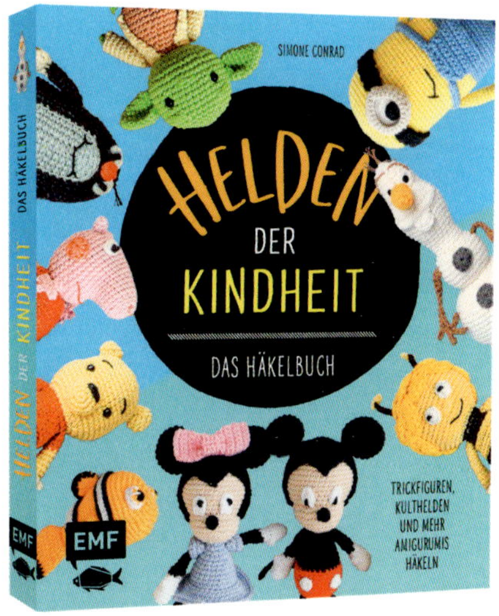

HELDEN DER KINDHEIT – DAS HÄKELBUCH
ISBN 978-3-960**93-591**-9
€ 19,99 (D); € 20,60 (A)

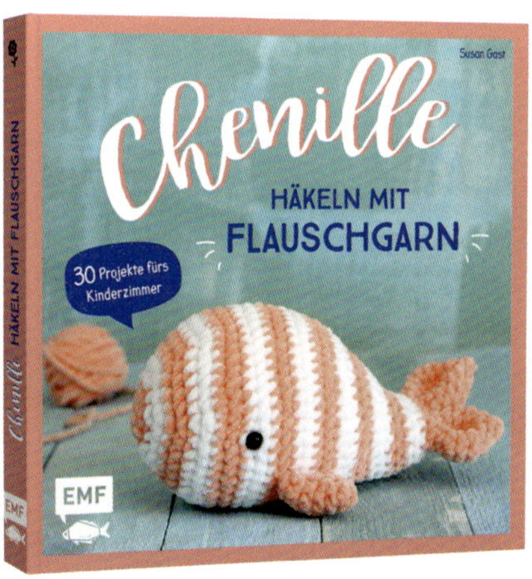

CHENILLE – HÄKELN MIT FLAUSCHGARN
ISBN 978-3-960**93-029**-7
€ 14,99 (D); € 15,50 (A)

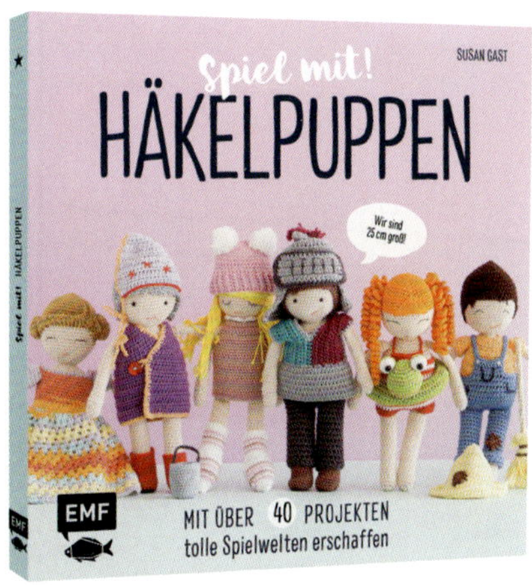

SPIEL MIT! HÄKELPUPPEN
ISBN 978-3-960**93-255**-0
€ 14,99 (D); € 15,50 (A)

IMPRESSUM

Bibliografische Information der Deutschen Bibliothek.

Die Deutsche Bibliothek verzeichnet diese Publikation in der Deutschen Nationalbibliografie.

Detaillierte bibliografische Daten sind im Internet über http://www.dnb.de/ abrufbar.

EIN BUCH DER EDITION MICHAEL FISCHER

1. Auflage 2020

Covergestaltung: Silvia Keller
Redaktion und Lektorat: Anja Sommerfeld
Layout und Satz: Yvonne Witzan
Fotos: © Katja Schubert, München, außer: S. 16–22, 108 © Andrea Allmeroth
Illustrationen/Shutterstock: © Vertes Edmond Mihai (Fisch), © veronchick_84 (Haus), © freesoulproduction (Cupcake), © Wiktoria Matynia (Zauberstab), © Wonderdigi (Wolke, Heißluftballon), © Rashad Ashur (Ballon Icon), © Fine Art (Geschenk), © Aratehortua (Schnecke), © Martial Red (Kürbis), © VectorPainter (Sonnenschirm), © Korbut Ivetta (Kaktus Icon), © Lenora W (Biene, Blumen), © vectortwins (Blatt), © Bibadash (Kaffeebecher, Donat, Herz, Kuchenstück, Muffin, Milchglas, Toasts, Kaffeetasse, Spiegelei), © AllNikArt (Luftballons), © Zoran Milic (Weihnachtsbaum), © svtdesign (Pilz), © mhatzapa (Saftglas, Surfbrett, Einhorn, Krone, Herz & Stern, Kaktus), © irinaku.art (Fuchs), © Limolida Design Studio (Gießkanne), © Yulistrator (Kugelfisch), © USBFCO (Regenbogen), © Maria Skrigan (Geist, Fledermaus), © Artram (Fledermaus Icon), © irrenes (Blume Icon), © gst (Baum)

ISBN 978-3-96093-711-1

Gedruckt bei Polygraf Print, Čapajevova 44, 08001 Prešov, Slowakei

www.emf-verlag.de